KB075337

# 마스크가
# 답하지 못한
# 질문들

# 마스크가 답하지 못한 질문들

코로나19가
남기는
과제

미류
서보경
고금숙
박정훈
최현숙
김도현
이길보라
이향규
김산하
채효정

**창비**
Changbi Publishers

# 이전으로 돌아갈 수 없다면

2020년 1월 20일, 국내에서 최초로 코로나19 확진자가 발생했다는 소식이 들려왔을 때만 해도 1년 뒤의 풍경이 지금과 같으리라 예상한 사람은 없었을 것이다. 마스크를 쓴 얼굴이 기본이 되었고, 재택근무와 온라인회의가 일상화되었으며, 해외여행은 언제쯤 가능해질지 요원하기만 하다. 어린이들은 학교를 잊어버렸고, 많은 어른들은 직장을 잃거나 가게 문을 닫아야 했다.

이 책 『마스크가 답하지 못한 질문들: 코로나19가 남기는 과제』를 처음 기획한 것은 2020년 10월이었다. 광복절 광화문집회에서 시작된 2차 유행이 간신히 가라앉고 거리두기가 하향 조정되었을 무렵이다. 1단계가 이렇게 소중한 것인 줄 몰랐다며 한숨 돌렸지만, 사회적 거리두기는 지속

될 것이고 언제고 이러한 유행은 다시 반복되리라는 것을 확실히 예감한 시기이기도 했다. 그렇다면 당장 방역의 성과에 마음을 놓을 것이 아니라 장기화되고 있는 코로나19 사태의 그늘을 돌아볼 필요가 있다는 생각에 인권과 환경, 노동과 소수자운동 등의 영역에서 활발하게 활동하는 필자들에게 글을 부탁했다.

그후 100명대로 관리되던 일일 확진자 수는 다시 증가하더니 11월 말 500명 이상으로 폭증하면서 분위기는 다시 심각해졌고, 급기야 1,000명을 넘어서자 사회적 거리두기 2.5단계 연장에 이어 5인 이상 집합금지라는 조처까지 내려졌다. 2021년 초까지 이어진 3차 대유행은 요양병원과 구치소 같은 수용시설의 집단감염이 큰 영향을 미쳤다. 코로나19의 그늘에 대한 고민이 더욱 깊어지는 순간이었다.

코로나 팬데믹 확산기에 K-방역 모델은 세계적으로 주목받았다. 정부 당국의 기민한 방역조치와 국민들의 성숙한 시민의식이 발맞춘 결과로 볼 수 있을 것이다. 그중에서도 '마스크'는 한국형 방역 모델의 상징 같은 존재로, 지금 이 순간에도 감염의 최전선에서 우리를 보호해주고 있다. 그러나 마스크는 팬데믹에서 피어난 온갖 어려움까지 감당하기엔 역부족이었다.

팬데믹 초기에는 방역이 최우선이라는 명제에 동의하면

서도 이러한 사태가 장기화되면 여러 문제가 불거지리라 예상했었다. 그런데 막상 그 예상이 현실이 되고 보니 이러한 문제들은 팬데믹에서 비롯된 것이 아니라 그전부터 쌓여왔던 사회적 취약성들이 드러났을 뿐임을 알게 되었다. 경제적 이윤을 추구하는 것이 최고 가치가 된 사회에서 재난이 닥치니 온갖 어려움은 가장 취약한 이들에게 흘러내렸다. 모두가 어려운 시기라고 하지만, '코로나 블루'를 넘어 삶 자체를 위협받는 이들의 목소리에 귀를 기울일 필요가 있다고 생각했고, 이러한 문제의식에 공감한 10명의 필자들의 글을 모아 한권의 책으로 펴내게 되었다.

인권운동가 미류는 「우리는 서로를 책임질 수 있을까」에서 갑자기 자가격리를 하게 되며 느꼈던 두려움을 털어놓고, 결국은 단절이 아닌 연결이 감염병을 막을 수 있다고 이야기한다. 가장 취약한 곳에서 재난이 재생산된다는 그의 지적은 두고두고 곱씹을 만하다. 영화감독 이길보라는 「가치에 대해 질문할 권리」에서 거짓말처럼 국경이 닫혀버린 2020년의 풍경을 돌아본다. 졸지에 생이별하게 된 일본인 파트너와 다시 만나기 위해 혼인신고를 하기로 결심하면서, '방역'에 가려진 가치와 그 가치에 대해 질문하고 상상할 권리의 중요성을 항변한다. 현재 영국에 거주하고 있는 작가 이향규는 「인종주의라는 바이러스」에서 중국인으로 오해받고 항변했던 기억을 떠올리면서, 코로나 바이러스와 함께 인종주의가 퍼져나간 현실을 고발한다. 그리고 이렇게 마주한 차별과 혐오의 거울에 한국의 현실을 되비추며 차별금지법의 필요성을 되새긴다.

라이더유니온 위원장 박정훈은 「코로나 시대의 배달노동」에서 팬데믹 시대 필수산업으로 떠오른 배달노동의 그림자를 짚는다. 해고된 비정규직 노동자들이나 사업을 접은 자영업자들이 청년 산재 사망 1위를 기록한 배달업계로 모여드는 현실은 그 자체로 재난의 한 단면이다. 구술생애사 작가 최현숙의 「거리 홈리스들이 살아낸 팬데믹 첫해」와 노들장애학궁리소 연구활동가 김도현의 「'시설사회'와 코로나19, 그리고 장애인」은 철저한 방역을 강조해온 우리 사회가 국민으로 여긴 이들이 누구인지 묻는다. 애초에 집에 머물라는 지침이 기본이 되는 상황에서 집이 없는 이들이 맞닥뜨린 현실은 훨씬 잔혹하다. 노숙인들에겐 신용카드가 없으니 재난지원금을 받을 방법이 묘연했고, 급식소가 문을 닫으며 하루 한끼를 해결하기도 어려워졌다. 자가격리 통보를 받은 장애인들 역시 활동지원 서비스가 끊기면서 심각한 어려움에 처했다. 장애를 지닌 이들을 시설에서 수용하는 것이 일반화된 우리 사회에서 이들은 이미 코호트 격리 상태에 있던 셈이라는 그의 일갈이 뼈아프다.

'알맹상점'의 운영자이자 플라스틱 프리 활동가인 고금

숙은 「마스크는 썩지 않는다」에서 2020년 총선 당시 고무
장갑을 끼고 투표에 나섰던 경험을 회고하며 팬데믹을 핑
계로 방치되고 있는 플라스틱 위기를 신랄하게 비판한다.
야생 영장류학자 김산하는 「마스크 아래의 민낯」에서 자
연파괴를 일삼다가 코로나19와 같은 재앙이 비롯되었음에
도 불구하고 플라스틱 마스크에만 집착하는 작금의 사태
를 꼬집는다. 위기일수록 절박하면서도 지혜로운 조치가
필요하다는 그의 조언을 가슴에 새길 때가 아닌가 한다.

　문화인류학자 서보경은 「감염과 오명, 보복하지 않는 정
의에 대하여」에서 언제 어떻게 바이러스에 노출될지 모른
다는 두려움이 확진자에 대한 분노와 스스로 낙인의 대상
이 될지 모른다는 불안으로 이어지는 감정의 고리들을 파
헤친다. 정치학자 채효정은 「누가 이 세계를 돌보는가」를
통해 팬데믹 시기 여성에게 더욱 가혹하게 닥친 위기를 다
각도로 살피면서 '돌봄이 가능한 사회'로의 전환이 무엇보
다 절실하다고 주장한다.


　"불평등은 재난의 현상이 아니라 본질이다." "코로나
19로 없었던 문제가 생겨난 것이 아니라 이전에는 가려졌
던 것들이 심화되어 드러났을 뿐이다." "우리는 모두 연결
되어 있다." 놀랍게도 서로 다른 자리에서 출발한 이들의
글은 결론에서 하나로 만난다. 코로나19 이전으로 돌아갈

수 없다면, 우리가 고민하고 만들어가야 할 미래가 어떠해야 할지 이미 답은 나와 있는 셈이다.

　언제가 될지는 알 수 없지만 백신과 치료제 개발에 힘입어 코로나19 사태가 종식되는 때가 온다면, 지금의 시간들은 어떻게 기억될까. 떨어져 사는 법을 배워야 했지만 정반대로 우리 모두 떨어져서는 살 수 없다는 것을 절박하게 깨달은 시간으로 기억된다면 그래도 다행이지 않을까.

　부디 이러한 고민이 독자들에게 가닿기를 바라며, 다양한 목소리를 보내준 필자들께 감사드린다.

2021년 2월
창비 인문교양출판부장 이지영

# 차례

# 우리는 서로를
# 책임질 수 있을까

미류

자가격리를 하게 됐다. 상상해본 적은 있지만 예상하지는 못했던 일이다.

*

안식년이었다. 나는 '음미체(音美體)'라고 이름 붙인 계획을 세웠다. 꼭 배우고 싶은 게 있지는 않았다. 음악과 미술과 체육이면 됐다. 도구를 별로 쓰지 않고 배울 수 있으면 좋겠다는 정도의 기준으로 강좌를 검색했다. 수강료가 비싸지 않은 걸 찾아 국공립 시설에서 운영하는 강좌를 신청했다. 설렘은 잠시, 코로나19와 함께 개강은 한없이 연기됐다. 몇해 전부터 안식년 소망으로 아껴온 수어 강좌도 알아봤다. 강좌가 아예 열리지 않고 있었다. 계획은 번번이 어그러졌다. 시간이 유한(有限)하니 애가 탔다. 하지만 안식년이라 유한(有閑)한 덕분에 쓰리지는 않았다. 코로나19는 조금 멀리 있었다.

불안이 덜했다. 해내야 하는 일도 돌봐야 하는 사람도 없었던 덕분이다. 타인의 불안이 과하다 느껴질 때가 많았다. '우한 폐렴'이라는 말을 고집하며 중국에 화살을 돌리고 봉쇄를 요구하는 목소리가 그랬고, '신천지'가 마치 범죄집단인 듯 파헤치며 비난하는 목소리도 그랬다. 불안에 동참하지 못하는 것이 죄스럽게 느껴질 때도 있었다. 대구의 동료 활동가들이 마스크나 손 소독제와 같은 기본 방역 물품도 부족하다고 호소할 때, 청도대남병원에서 첫 사망자가 나왔을 때, 아이나 노인과 함께 사는 이들이 어쩔 줄 몰라 경황이 없을 때, 재난 현장에서 혼자 빠져나온 것처럼 부끄러웠다.

차라리 K-방역이 불안했다. 검사-추적-격리치료로 구성된 방역 모델에서 핵심은 추적에 있었다. 쫓는 이유보다 쫓는 속도가 선명했다. 팬데믹 초기 '안전안내문자'는 지자체마다 확진자 발생을 알리며 그의 동선을 공개했다. 모두 추적자가 되었다. 동선을 두고 품평하며 비난하는 말들은 추적을 앞질러 감시가 되었다. 바이러스 감염 피해를 줄이자는 일에 정작 감염인이 가해자가 되어갔다. 누가 나를 위험에 빠뜨릴지 모른다. 모두가 잠재적 가해자다. 더욱 철저하게 추적하고 통제하라… 휴대전화 위치 정보와 카드 사용 내역 등을 활용해 철저히 동선을 파악하겠습니다, 기지국 접속 정보를 확보해 접촉자를 놓치지 않겠습니다, 밀접접촉자로 분류되어 자가격리하는 사람들이 이탈하지 않도록 안심밴드를 채우겠습니다… 방역을 앞세운 정부의 조치에 여러 문제가 있었지만 사람들은 기꺼이 그 문제들을 감수할 태세였다.

코로나19에 감염될 때 자신의 몸보다 타인의 시선을 더 염려한다는 연구 결과를 봤다.[1] 안타까웠다. 코로나19 '확진자'는 아직 치료 방법이 밝혀지지 않은 질병을 앓게 된 사람이다. 회복되는 사람도 많지만 후유증이 남는다고도 하고, 아직 예후도 정확히 모르는 병. 진단만으로도 위로받고 가까운 사람들의 응원과 격려로 자신의 건강에 집중하기에도 바쁠 테다. 하지만 혹시 내가 '확진자'라는 걸 기억할까봐, 내가 다닌 곳을 평가하며 비난할까봐, 이어진 상황에서 발생한 피해의 책임을 따져 물을까봐, 자신을 아낄 수 없는 현실이 가혹했다. 나는 그러지 않을래!

　　　　　　　　　　＊

가까스로 문을 연 수어전문교육원에서 수어를 배우기

시작했다. 수어는 손으로만 말하는 언어가 아니다. 입 모양과 얼굴 표정 모두를 사용해야 하는데 마스크를 써야 했다. 선생님을 따라 말하려고 손은 열심히 움직이는데 마스크에 갇힌 입은 움찔거리기만 하는 게 아쉬웠다. 그래도 마스크를 내릴 수는 없었다.

'이태원 클럽'에 확진자가 다녀갔다는 사실이 알려진 후 서울 수도권에 경계가 삼엄하던 6월, 휴원이 공지됐다. 8월에 다시 개원했을 때는 밀린 수업까지 듣겠다는 마음으로 강좌를 두개나 신청했다. 질병관리본부(현 질병관리청) 브리핑에 등장하는 수어통역사의 말을 조금은 알아-볼 수도 있을 것 같던 때였다. '광복절 집회'가 고비였다. 아슬아슬하게 긴장이 이어지던 어느 날, 수강생 중 확진자가 생겼다는 연락을 받았다. 수업이 멈췄다는 아쉬움보다, 확진 판정을 받은 누군가에 대한 걱정보다, 내 동선이 더 신경 쓰였다. 나는 그러고 있었다!

가장 먼저 떠오른 것은 그날 아침 들렀던 동네 커피숍과 편의점이었다. 만약 내가 이미 감염된 상태라면 그곳은 방역조치를 위해 잠시 문을 닫아야 했다. 내 동선이 공개되면 문을 다시 열더라도 사람들의 발길이 뜸할 수 있다. 영업에 피해가 발생하면 나를 원망할지도 모른다. 하지만 나는 아무 잘못이 없는데? 나와 같이 수업을 들었던 누군가 감염되었다는 사실을 미리 알 방법도 없었지 않은

가. 수업 내내 창문을 활짝 열고 선풍기를 틀어 환기를 했고, 마스크도 줄곧 썼는데, 에이, 아무렴 내가 감염됐겠나, 혹시 바이러스가 전파됐더라도 그건 어쩔 수 없는 일 아닌가… 아무도 따져묻지 않았지만 나는 지레 변명을 준비하고 있었다.

보건소에 검사를 받으러 가면서는 2주간 못 밟을 땅이니 슬쩍 먼 길로 돌아가려고 했다. 길을 나섰는데 누군가 마주칠 때마다 위축되는 나를 발견했다. 서둘러 직진했다. 꼬투리 잡히고 싶지 않은 마음이었다. 자가격리 중이란 소식을 듣고 한 친구가 냉동식품을 선물했다. 온라인으로 주문이 안 되는 귀한 음식이라며 가져다주었었지만 정작 얼굴은 보지 못했다. 집까지 찾아와서는 대문 앞에 두고 간 것이다. "난 바이러스가 아냐~" 서운해서 한 말이 아니다. 얼굴도 안 보고 도망치듯 떠난 친구를 놀리는 농담이었다. 하지만 만약 그가 초인종을 눌렀다면 나는 문을 열었을까. 친구가 현명했다. 서로 책임져야 할 상황을 만들지 않는 것이 우리를 지키는 유일한 방법이었다.

꽃

보건소에서 검사를 받은 다음 날 음성으로 확인되었다는 통보를 받았다. 하지만 잠복기가 있으므로 자가격리는 예정된 기간 동안 이어졌다. 자가격리는 스스로 격리한다는 뜻으로만 생각했는데 '자기 집에서' 격리한다는 것이 본뜻이었다. 따로 방을 쓸 수 있는, 적당히 빛도 들고 바람도 통하는 집이라 다행이었다. 게다가 같이 사는 친구가 나를 혼내거나 귀찮아할 리 없었으므로, 나는 안심하고 집에 갇힐 수 있었다.

자가격리를 시작한 다음 날인가, 동 주민센터에서 연락이 왔다. 격리 생활에 필요한 식량과 물품을 현물 또는 현금으로 지원한다고 했다. "어떻게 드릴까요?" "물론 현금이죠!" 웬만한 물건은 배송되는 세상이니 돈이 좋았다. 식재료를 주문하는 사이트에 들어갔다. 배송비 무료가 되는 금액에 맞춰 주문 버튼을 눌렀다. 배송비를 아꼈다며 으쓱하던 순간, 내가 사람을 불렀다는 자각이 일면서 머쓱해졌다. 며칠 후에는 어깨 통증 때문에 진통제와 파스가 필요해졌다. 같이 사는 친구가 들어오는 길에 사다주었다. 주민센터 직원이 현물을 들고 가야 할 곳이 있겠구나… 자가격리를 하게 된 장애인이 활동보조가 필요해, 동료 활동가가 동반 격리에 들어갔다는 이야기를 들은 적 있다. 그걸 나는 장애인의 이야기로만 들었다. 비장애인이고 비노인이며 비아동인 나의 이야기일 줄 몰랐다.

혼자서는 할 수 없는 것이 자가격리였다. 그러나 격리하기 위한 준비는 개개인에게 떠넘겨졌다. 집에서 아이를 돌봐야 하는 사람이었다면 자신을 돌봐줄 사람은 물론 아이를 돌봐줄 사람도 찾아야 했다. 회사 숙소나 고시원에 거주하던 사람들은 돈을 내고 숙박시설을 찾아가야 했다. 갑자기 일하러 나갈 수 없게 되면서 생기는 문제는 온전히 개인의 몫이었다. 스스로 격리할 수 없다고 여겨진 사람들은 아예 미리 격리당했다. 집단감염을 예방하기 위해서라며 단행된 '코호트 격리'가 그랬다. 제한된 공간에서 누군가 열이 나면 외부와 거리를 두기 위해 나머지 사람들이 가까워져야 했다. 외부와의 단절은 내부에서 위험을 증폭시켰다. 지침도 지원도 없이 갇히게 된 노동자들은 시설 안에서 발생하는 상황을 모두 감당해야 했다. 연결을 끊는 것이 목표인 격리는 위험했다.

그러나 누군가는, 연결된 탓에 위험했다. 격리 통보를 받고 궁금한 게 있어 전화를 걸었던 1339 콜센터의 사정도 다르지 않아 보였다. 질병관리본부는 코로나19 전화 상담과 문의 업무를 외주화하고 있었다. 위탁업체의 구인공고를 찾아보니 노동시간은 법정 한도를 꽉 채우고 최저임금을 겨우 넘기는 수준이었다. 아파도 쉴 수 없는 자리에 누군가 꼼짝할 수 없이 갇혀 소진되고 있었다. 의료인이 그랬고 택배 노동자들이 그랬고 고스란히 돌봄의 몫을 떠안게 된 여성들이 그랬다. 누군가의 과로에 나의 세계가 얹혀 있었다.

서로 책임지지 않아도 될 상황을 만들기란 불가능했다. 서로 책임질 방법을 찾는 것이 우리를 지키는 길이었다. 연결을 끊을 수도 지금처럼 연결된 채로 둘 수도 없다면 우리는 질문해야 한다. 어떻게 연결될 것인가.

※

코로나19 이후 사회적 건강을 묻는 조사가 있었다.[2] 사람들은 '내가 아는 대부분의 사람'을 신뢰하는데, '내가 알지 못하는 대부분의 사람'을 신뢰하지 않고 있었다. 연결은 두려울 수밖에 없다. 그러나 '내가 알지 못하는 사람'이 누군가에게는 '내가 아는 사람'이다. '내가 알지 못하는 사람'으로부터 '내가 아는 사람'을 지키는 길은 불가능하다. 모두를 믿지 못하고 불안해하며 연결을 피하거나, 모두를 믿으며 함께 연결의 방법을 찾아가는 두가지 길 중 하나를 선택할 수 있을 뿐이다.

지금까지의 예방은 전자에 가까웠다. '인천 학원 강사'처럼 연쇄감염의 원인으로 누군가 지목되면 어떤 사람인지가 먼저 궁금해지곤 했다. 그런데 내가 다니던 수어전문교육원에서 추가 확진자가 한명도 나오지 않은 걸 보고 나니 다른 생각이 들었다. n차 감염이 있었다면 n개의 장소가 문제였다. 전파의 원인은 감염인이 아니었다. 모든 연결에는 바이러스의 전파 가능성이 있지만 가능성의 크기와 결과는 똑같지 않다. 사람들이 연결되는 장소와 그곳에서 활동이 이루어지는 관계들이 예방의 열쇠다.

모두가 마스크를 쓰고 거리를 두는 것 '밖에' 예방할 방법이 없다는 메시지는 바이러스에 주목한다. 그래서 전파의 책임은 감염인에게 떠넘겨지곤 했다. 물론 방역대책에 협조하지 않겠다고 공공연히 엄포를 놓으며 주위 사람들을 곤경에 빠뜨리는 이들도 있었다. 그렇기 때문에라도, 개개인의 책임 '감'에만 기대지 않을 방법을 찾아야 한다. 자신이 감염된 줄 모르고 살게 되는 사람들이 있음을 떠올리면 더욱 그렇다. 내 눈앞에 있는 사람이 조심한다고, 내가 모르는 누군가를 감시한다고 전파를 막을 수 있는 것이 아니다. 공권력을 키우는 감시와 처벌은 예방의 방법이 될 수 없다. 노동의 조건과 돌봄의 관계는 어떻게 달라져야 하는지, 교육과 휴식과 놀이는 어떻게 가능한지 찾는 일이 예방이다.

바이러스는 사람의 몸을 따라 흐르다가 어딘가에서 멈췄고 어딘가에 고였다. 콜센터, 물류센터, 정신병원, 요양병원… 그곳에 타인이 감염되어도 상관없다는 무책임한 사람들이 있었던 것이 아니다. 서로 돌봐야 했고 함께 일해야 했을 뿐이다. 바이러스와 마주치는 사람의 자리가 평평하지 않았다. 가장 취약한 곳에서 재난이 재생산된다.

불평등은 재난의 양상이 아니라 본질이다. 그곳에 없었던 것은 책임보다 권리였다. 자신을 지킬 권리가 없었기 때문에 서로 책임지기 어려웠다. 권리를 요구하려면 먼저 책임을 다하라는 말이 흔하다. 아니다. 책임은 권리의 자격이 아니라 결과다. '책임지는 만큼'이 아니라 '누구나 책임질 수 있도록' 권리를 보장하는 것이 국가의 책무다.

연결을 위한 질문은 권리에 대한 질문이다. 감염을 피하고 타인을 지킬 수 있는 정보와 자원에 접근할 수 있는가. 자신의 몸을 보살필 시간이 충분한가, 아프면 쉴 수 있는가. 불이익이 있을 때 저항하며 권리를 주장할 수 있는가. 감염이 의심될 때 두려움 없이 검사를 받을 수 있는가. 돌봄과 치료가 필요할 때 충분히 기댈 수 있는가. 타인을 돌보면서 자신도 돌볼 수 있는가. 누군가에게 긴요한 서비스를 제공하느라 스스로가 소진되지 않을 수 있는가. 이런 질문을 따라가다보면 자본주의 체제가 만든 경계에 닿기도 한다. 기존의 것들을 '어쩔 수 없는' 질서로 여기는 순간, 우리는 예방을 포기하는 셈이다. 저마다의 자리에서 책임을 공유할 권리가 필요하다.

대구에서 코로나19가 막 확산되기 시작할 때였다. 인권활동가들이 소식을 나누는 채팅방에 다급한 구호 요청 글이 올라왔다. 방역물품을 보내달라는 글이었다. 다음 날 아침 누군가 마스크와 손 소독제를 가득 챙겨 담은 택배 상자 사진을 찍어 올렸다. 책임(responsibility)이 '응답할 수 있는 능력'(response-ability)이기도 하다는 말을 새삼 떠올리게 한 장면이었다. 자가격리 통보를 받았을 때 내가 느낀 두려움을 되짚어봤다. 커피숍과 편의점에서 일하는 사람들의 얼굴이 먼저 떠오른 것은 비난이 두려워서만은 아니었다. 조금은, 책임지는 사람이고 싶었다. 타인의 시선을 염려하는 사람들에게도 그런 마음이 깃들어 있을 것이다. 얼굴 아는 사람들을 지키고 싶은 마음. 응답할 수 있다면 우리는 서로 책임을 나눌 수 있다.

＊

재난은 한 사회가 가진 역량을 초과하여 벌어지는 사건이다. 구성원들 역시 자신의 역량을 넘어서는 도전에 맞닥뜨린다. 한치 앞을 내다볼 수 없는, 파국을 향해 가는 듯한 혼란의 시간. 살아온 대로 살 수 없는데 살아본 적 없는 방식으로도 살 수 없어 두렵고 난감한 시간이다. 살아내기 위해 스스로를 갱신하는 고투가 이어진다. 다행이랄 수 없는 다행은, 코로나19가 감염병이라는 재난의 성격 덕분에, 혼자 살아남는 게 불가능하다는 것을, 깨닫지 않아도 몸이 먼저 알아차린다는 것이다. 함께 살아가야 한다.

우리는 서로 기대야 살기 때문에 서로 해칠 수도 있다.

덜 다칠 방법이 덜 기대는 것일 수 없다. 안전을 위한 보호가 관계의 단절과 고립이 되면 위험은 오히려 커진다. 취약해지기 때문이다. 도움을 구할 수 있는 관계로 더욱 연결되어야 한다. 다친 후에도 할 수 있는 것이 많아져야 한다. 다친 당신의 책임이라며 손가락질당하지 않고, 무엇이 문제였는지, 어떻게 달라져야 하는지 말할 수 있어야 한다. 그러면 덜 다칠 수도 있다. 다치기 전에도 말하고 바꿀 수 있기 때문이다. 위험은 저절로 피해가 되지 않는다. 위험을 다룰 수 없도록 버려진 자리에서 피해가 된다. 재난 피해자들이 밝혀온 진실이다.

세계가 어떻게 달라져야 재난이 반복되지 않을지, 재난 피해자는 가장 많이 질문하고 가장 나중까지 답을 구한다. 코로나19라는 재난에서도 피해자의 이야기를 들어야 한다. 숫자로만 집계되는 피해에서 얼굴을 읽어내고 목소리를 들어야 할 때다. 확진자가 겪은 일에 예방의 실마리가 있다. 위험을 알 수가 없었던 것인지, 알고도 피할 수 없었던 것인지, 무엇을 바꿔야 하는지, 어떻게 바꿔야 하는지, 이들의 이야기로부터 회복의 방법도 찾을 수 있다. 희생자와 그 가족의 이야기를 들어야 애도의 방법도 찾을 수 있다. 이들이 더 많은 권리를 요구할 수 있게 해야 한다. 그래야 감염은 덜 두려운 것이 되고 감염이 의심될 때 더 적극적으로 대처할 수도 있다.

코로나19는 감염병이지만 재난으로서의 코로나19 피해를 감염에 한정할 수는 없다. 누군가의 과로, 누군가의 실직은 부수적 피해가 아니다. 더 많은 이야기들이 이어져야 한다. 코로나19의 검사, 진단, 치료 등 방역에 관여하는 노동자들뿐만 아니라 필수노동이라 불리는 일을 떠맡고 있는 이들이 더 많은 권리를 요구할 수 있어야 한다. 누군가의 선의가 아니라 권리에 기댈 수 있는 시스템을 만들어야 한다. 해고나 무급휴직, 계약해지를 당하고도 대항할 말을 찾기 어려운 사람들의 이야기도 들어야 한다. 이들이 어제 못한 말, 오늘 당한 일, 내일 바라는 것을 말할 자리가 열려야 한다.

재난의 시간은 겹겹이 쌓인다. 재난이 시작되면 대응도 시작된다. 누군가를 구조하고 치료하고 수습한다. 조사가 시작되고 계획이 수립된다. 피해가 번지지 않도록 여러 조치가 취해진다. 치유를 위한 지원이 이루어지고 사회적 기억이 형성되기 시작한다. 백신과 치료제가 개발되고 나면 '재난 이후'가 시작되는 것이 아니다. 재난과 함께 '재난 이후'가 시작된다. 재난을 겪는 중인 동시에 재난 이후의 시간을 만들어가는 지금, 미뤄도 될 질문은 없다. 지금 우리가 삶을 다시 조직하는 모습이 회복된 세계의 모습이 된다. 응답은 지금 시작되어야 한다.

이 글을 쓰는 지금 다시 코로나19 확산세가 이어지고 있다. 위험은 조금 더 커지고 있지만 사람들의 불안은 조금 덜한 듯도 하다. 우리가 조금 더 위험을 다룰 수 있게 된 덕분일까, 아니면 위험을 다룰 역량이 여전히 불평등하게 편재되어 있기 때문일까. 이 책이 나올 즈음 우리가 만든 세계는 어떤 모습을 하고 있을까. 사람을 보면 피하는 법부터 익히게 된 어린이들과 함께, 우리가 서로 어떻게 연결될 수 있는지 배우는 시간은 찾아올까.

바이러스 전파와 그 가능성 사이에서 자유를 확장하는 일이 우리에게 주어진 숙제다. 나는 불평등에 더욱 주목하자고 제안하고 싶다. 재난으로 드러난 불평등만이 아니라 재난을 만들 불평등까지. 이를테면, 학습 능력의 불평등만 걱정하지 말고, 삶을 능력에 따라 줄 세우는 구조를 바꿔야 할 때는 아닌가. '방역 대 경제'라는 구도에서 줄타기하는 걸 그만두고 이참에 경제를 축소하자는 결단을 내려야 할 때는 아닌가. 수많은 폐기물을 만들어내며 기후위기와 또다른 팬데믹을 예비하는, 인간조차 폐기물로 만들어버리는 자본주의 체제로부터 방향을 바꿔야 할 때는 아닌가.

자가격리가 끝나는 날 땅을 밟고 산책을 실컷 하려고 했다. 비가 부슬부슬 내려 발길을 돌리는데 우비도 없이 세

차게 자전거 페달을 밟는 배달 노동자를 보았다. 세계는
오늘도 가까스로 이어지고 있다.

＊

　재난 이후의 세계, 예상하지 못해도 상상해볼 수는 있는
일이다.

# 감염과 오명,
# 보복하지 않는
# 정의에 대하여

서보경

그때 내가 그의 자리에서 역학조사관을 만났다면, 나는 어떤 진실을 말할 수 있었을까?

⁂

어느 날 어디에 다녀왔는지, 그때 만난 사람들이 누구인지, 어디서 일하는지, 함께 사는 사람은 누구인지를 말하는 일은 어떤 이에게는 아무렇지도 않다. 그러나 누군가에게는 이 간단한 보고가 아주 불가능한 일처럼 여겨진 듯하다. 직업이 무엇이냐는 역학조사관의 질문에 "특별한 직업이 없다"라고 답했다는 그는 결국 감염병예방법 위반 혐의로 징역 6월을 선고받았다. 그는 대학생으로 개인 과외를 하기도 했고 학원 강사를 하고 있기도 했지만, 역학조사관에게 이 사실을 말하지 않았다. 확진 판정을 받은 사람과 술을 마셨다는 사실을 알게 된 후 보건소로 자진하여 검사를 받으러 온 터였다. 그전에 그는 이태원에 있는 클럽에 다녀오기도 했다. 보건소에서 검진을 받고, 확진 판정을 받아 입원하는 과정에서 두차례의 역학조사를 받게 된 이 사람은 자신의 몇몇 행선지를 밝히기는 했지만 학원 강의나 과외 교습에 관한 이야기는 하지 않았다.

그가 이태원에 있는 클럽에 다녀왔다는 사실과 자신의 동선을 모두 밝히지 않았다는 사실을 어떻게 연결해야 할까? 이태원에 있는 클럽에 다녀왔다는 사실 자체가 그를 성소수자로 특정할 근거가 될 수 없지만, 당시 많은 언론들이 확진자 동선에 관해 보도하며 '게이 클럽'이라는 표현을 앞다투어 사용하였다. 언론 보도에 따르면 그는 재판 과정에서 성소수자임이 드러날까 두려워 거짓말을 했다고 진술하였다. 자신이 성소수자라고 알려지는 것이 두렵게 느껴졌다는 이 사람은 진실을 고하지 않아 역학조사를 방해한 죄로 고발당했고, 감염병예방법을 위반했다는 판결을 받았다.

재판부는 판결문에서 그가 "비교적 어린 나이로서 일반인들과는 다소 다른 피고인의 성적 지향 내지 성 정체성이 외부로 공개되는 것이 두려워" 이러한 선택을 할 수밖에 없었다고 참작했다.[1] 그러나 재판부는 행선지와 직업에 대한 사실을 누락하고, 숨겼기 때문에 그가 접촉한 많은 사람들이 보다 신속하게 검사를 받지 못하였으며, 이로 인해 많은 사람에게 바이러스의 전파가 일어났다는 점 역시 가벼이 볼 수 없다고 강조하였다. 재판부는 그의 "범행으로 인해 사회적 경제적으로 큰 손실이 발생하였고, 지역사회의 구성원들이 겪어야만 했던 공포심과 두려움 역시 이루 말할 수 없이 크다"라고 판결의 이유를 밝히고 있다.

사법 체계는 부당행위에 대해 어떤 판단을 내리는 것이 적절한지를 사회 전체를 대변해서 결정해준다. 이 사건의 1심 판결은 그가 법에 어긋나는 범죄 행위를 했으며, 그로 인해 큰 피해가 발생했다는 사실을 공언해준다. 과연 징역 6월의 선고가 충분히 무거운지, 아니면 지나치게 가벼운지 그 법리적 합당성을 나는 판단할 수 없다. 그러나 법학자가 아닌 인류학자로서 나에게 이 판결은 우리가 코로나19 대유행(pandemic)이라는 사회 전체의 위기를 어떻게 살아나가고 있는지 말해주는 중요한 사건으로 다가온다. 나는 이 사건을 통해 감염이 치료가 아니라 처벌의 문제로 전환되는 중요한 국면에 주목한다. 이 글에서 다루고자 하는 것은 처벌의 실질적 효용(이에 대해서는 보다 정치한 분석이 필요할 것이다)이 아니다. 이 글에서 내가 살펴보고자 하는 것은 처벌이 공언되고 실현되는 사회적 과정에서 어떤 감정과 도덕적 정서가 마땅히 당연한 것으로 만들어졌는지에 대한 질문이다.


## 두려움에서 분노로


두려움은 이 모든 일의 시작이었다. 그 사람은 왜 겁이 났을까? 그는 아마 '말할 수 없음'과 '말하지 않음'의 틈새에 끼인 사람이었을 것이다. 한국사회에서 스스로를 성소수자로 정체화하고 살아가는 많은 사람들에게 이 틈은 매우 깊어서, 마치 바닥을 가늠할 수 없는 협곡처럼 느껴지기도 한다. 판결문에서 드러나는 것처럼 성소수자를 "일반인과는 다소 다른" 존재, 그 다름으로 인해 보통의 삶을 살지 않을 거라 미루어 짐작하는 사회에서 자신의 정체성을 아무에게나 드러내는 일은 분명 위험하다. 이태원에 다녀온 게이라는 게 알려지는 순간 앞으로 과외도 학원 강사도 지속하지 못할 거라는 확신, 또 부모님에게 이 사실이 알려질 수 있다는 걱정이 그를 압도했을지도 모른다. 여기서 '말하지 않음'이라는 자발적 선택과 의지, 의도성은 소수자에 대한 사회적 차별과 배제, 내적 낙인이라는 '말할 수 없음'의 구조적 조건과 밀접하게 연관되어 있다.

2020년 5월 당시 한국의 확진자 동선 공개 방식은 성소수자가 아니라 하더라도 많은 사람들에게 두려운 마음을 불러일으켰다. '내가 확진자가 된다면'이라는 질문에 우리가 느끼는 두려움은 단순히 코로나19 감염증이라는 낯선 질병에 대한 걱정과 죽음에 대한 공포만을 의미하지 않는다. 확진자가 되는 순간 나의 일상이 낱낱이 공개되고 나의 삶이 원치 않는 관심과 비난으로부터 보호받지 못할 것을 예감할 때, 불안은 커져만 간다.

한 사람이 두려움 속에 내린 선택은 다수에게 더 큰 두려움으로 다가왔다. 판결문은 그의 '말하지 않음'으로 인해 "지역사회의 구성원들이" "이루 말할 수 없는" 큰 "공포심과 두려움"을 겪어야만 했다고 명시하고 있다. 바이러스는 사람과 사람이 만나는 접촉의 고리마다 퍼져나갔다. 그가 가르친 학생의 가정에서, 또 학원에서 추가 감염이 확인되었고, 이들이 교류한 여러 사람에게 역시 바이러스의 전파가 일어난 것으로 추정된다. 그에게 수업을 받은 학생들, 그 학생들의 가족들, 또 밀접접촉자로 분류되어 무려 2주의 시간 동안 자가격리를 해야 했던 사람들, 그 여파로 일하던 곳의 문을 닫아야 했던 사람들은 얼마나 힘든 시간을 보냈을까? 많은 이들이 몸과 마음으로 크게 앓았을 것이다. 연쇄감염이 이어지는 상황은 예상치 못한 순간에, 예상치 못한 사람에 의해 언제든 감염될 수 있다는 가능성을 확인시켜주었다. 언제, 어떻게 바이러스에 노출될지 모른다는 불확실성의 감각이 두려움으로 이어지는 것은 자연스러운 일일 것이다. 특히 학원 강사로 일하던 사람이 자신이 가르친 학생들에게 추가 전파를 야기하였다는 사실에 많은 학부모들이 큰 우려와 걱정을 드러냈고, 지역사회 전파가 시작되었을지도 모른다는 예측 속에 지역민의 불안 역시 커질 수밖에 없었다.

이 다수가 경험한 두려움은 이러한 사태를 야기한 사람에 대한 분노로 이어졌다. 감염 확산의 주범으로 여겨지는 사람에 대한 분노는 특히 그 첫 시작이 누구인지를 구체적으로 특정할 수 있게 되면서 더욱 커져갔다. '게이 클럽'과 같은 곳에서 유흥을 즐기고는 자기 동선을 숨긴 확진자에 대한 기사가 연이어 올라왔고, 기사의 댓글창마다 이와 같은 무책임한 이들로 인해 '죄 없는 사람만 피해를 본다'라는 적개심이 타올랐다. 두려움이 분노로 바뀌는 연결고리가 바로 여기에 있다. '죄'와 '피해'. '죄 없는 사람'이 '피해'를 입었다는 자각은 곧 이러한 해를 가한 사람, 죄가 있다고 여겨지는 가해자에 대한 분노로 변했다.

동선을 은폐하고 감염의 연쇄를 일으킨 사람을 향한 분노는 무수히 많은 공론장에서 드러났다. 다수의 언론이 '거짓말 강사'라는 제목을 붙여 그가 어떤 처벌을 받게 될지 점쳤다. 그가 거주하는 지방자치단체는 추가적으로 일어난 검사와 치료 비용에 대한 구상권을 청구할 것을 검토

하고 있다고 으름장을 놓았다. 검찰이 그에게 징역 2년을 구형했다는 기사에는 처벌이 너무 약하다는 의견이 주를 이루었으며, 포털 사이트의 지식 검색에는 왜 그에게 사형 선고를 내리지 않는지가 질문으로 올라왔다. 재판 과정에서 그가 극심한 정신적 고통에 자해를 했다는 사실이 기사로 알려지자, 인터넷 게시판에는 자업자득이라며 '감성 팔이'하지 말라는 냉소가 뒤따랐다. 그가 1심에서 징역형을 받게 되자, 어느 신문은 그가 출소하더라도 범죄 이력으로 인해 취업에 심각한 제한을 받게 될 거라는 사실을 기사 제목으로 달았다. 두려움은 분노로, 분노는 엄단의 요구로 거침없이 나아갔다.

## 일벌백계와 대갚음의 의지

코로나19 대유행을 통해 우리가 배운 중요한 교훈은 공유된 감정이 엄청나게 큰 힘을 발휘한다는 것이다. 사태의 심각성을 공유하고, 두려움과 불안을 나누고, 팬데믹에 대처하기 위해 생각지도 못한 변화들이 엄청나게 짧은 시간 동안 일어났다. 2019년의 시점으로 되돌아간다면 어느 누가 전 국민이 실내와 실외 모두에서 마스크를 쓰라는 요구를 이렇게 자발적으로 받아들이리라 예상했겠는가? 이러한 단합된 변화를 이룩하기 위해서는 일탈에 대해 분노하고 응징하는 일이 반드시 필요한 것처럼 느껴지기도 한다. 마스크를 쓰지 않는 사람, 자가격리를 이탈한 사람, 역학조사에서 거짓말을 한 사람들에 대한 분노는 그들을 제대로 처벌하지 않으면 이 공통의 노력이 순간 무너질 수 있다는 위기감에서 비롯한다. 일탈자에 대한 응징의 정서는 감염병의 시대를 살아가기 위해 필수적인 것일까? 순간 잘못된 선택을 한 사람에게 연민을 느끼는 것은 지나치게 유약하여 더 큰 위험을 초래하고 마는 것일까?

신종바이러스의 대유행이라는 보건 위기가 범죄와 치안의 영역으로 전이되는 과정에서 분노와 적개심, 응징은 중요한 역할을 한다. 철학자 마사 누스바움은 분노라는 감정이 인간의 본성일 뿐만 아니라 이를 이용해 더 큰 선(善)을 구축할 수 있다는 믿음을 비판적으로 사고할 것을 제안한다. 분노의 감정은 분명 불의에 항거하고 저항하는 신호탄이 될 수 있다. 그러나 분노는 보복을 당연시하게 한다는 점에서 사회의 공통규범을 만들어내기에는 중대한 오류를 내포하고 있다는 것이다. 그는 무엇보다 분노라는 감정이 언제나 특정한 표적, 특히 '부당하게' 피해를 끼친 사람을 향한다는 점에 주목할 필요가 있다고 강조한다.[2] 분노라는 감정에는 나에게 피해를 야기한 사람이 단지 그에 따른 처벌을 받는 것을 넘어 비참함을 겪도록 하겠다는 목표, 즉 앙갚음의 요소가 필수적으로 포함되어 있다는 것이다. 감염병 통제에서 이러한 응보적 태도가 무엇보다 문제가 되는 이유는 분노라는 감정을 기반으로 할 때 처벌의 대상은 언제나 사람이 될 수밖에 없기 때문이다. 결국 감염병의 대유행이라는 공통이 처한 어려운 상황이 아니라 감염된 사람들의 존재 자체가 사회 문제로 여겨지게 된다.

감염병 예방에서 강력한 처벌을 강조하는 주된 이유는 이를 통해 방역수칙 위반에 대한 경각심을 불러일으키고 재발을 방지하는 억제 효과가 있을 것이라 예상되기 때문일 것이다. 그러나 실제로 처벌이 작동하는 양상은 앞으로 동일한 일이 일어나는 것을 구조적으로 예방하기보다는 오히려 피해를 되갚아주겠다는 앙갚음의 공언에 더 가까워 보인다. 역학조사 과정에서 직업과 동선을 밝히지 않은 이 사건의 경우, 이는 한 개인의 잘못이기도 하지만 동시에 면담에 기반한 접촉 추적 방식이 내포하고 있는 보편적인 한계이기도 하다. 자기보고(self-reporting)와 면담(interview)이라는 기법은 언제나 부분적이며 불완전한 정보만을 제공한다. 확진자 스스로 일상적 동선을 다 기억할 수 없을뿐더러, 누구를 어디서 만났는지를 조사관에게 말하기 꺼려지는 상황이 누구에게나 있을 수 있기 때문이다.

한국의 보건 당국은 이러한 면담 자료의 어쩔 수 없는 부정확성을 보정하기 위해 확진자의 신용카드 결제 내역,

휴대폰 위치 정보를 활용하는 방식을 체계화했다. K-방역이 신속한 역학조사로 세계의 찬사를 받은 것은 조사 대상자들이 모두 정직하게 진실을 고했기 때문이 아니라 이러한 면담 자료의 한계를 보정할 수 있는 자료에 역학조사관들이 광범위하게 접근할 수 있도록 허용하고, 정보를 한꺼번에 취합할 수 있는 기술적 체계를 매우 신속하게 고안해냈기 때문이다.[3] 불행하게도 이 사건은 확진 판정을 받은 사람의 신용카드 내역과 위치 정보를 신속하게 취합할 수 있게 해주는 역학조사 지원 시스템이 완비되기 전에 일어났다. 만약 이 사건의 당사자가 며칠 늦게 역학조사를 받았다면, 그는 동선을 숨겨서 추가 접촉자의 확인을 지연시켰다는 책임을 애초에 추궁당하지 않았을 공산이 크다. 엄밀히 말해 이 사건에서 개인을 처벌하는 것은 비슷한 사건을 예방하는 데 직접적으로 기여하는 바가 없다. 광범위한 개인정보를 단시간 안에 수집, 활용하는 접촉 추적 방식은 이 사건과는 별개로 이미 도입이 예고되어 있었다. 오히려 이 사건을 통해 얻을 수 있는 가장 중요한 교훈은 접촉 추적 과정에서 개인의 사생활이 보호되리라는 신뢰 형성이 확진자의 협조를 이끌어내는 데 필수적이라는 점일 것이다.

연쇄감염의 고리를 추적하는 과정은 한 사람을 시작으로 얼마나 많은 사람들에게 감염이 일어날 수 있는지를 선명하게 보여주었다. 불과 3~4일 만에 여러 가정으로, 또 도시의 경계를 넘어 바이러스가 빠르게 확산하는 양상을 뚜렷이 확인할 수 있었다. 보다 빨리 사람들이 자신이 감염 위험에 노출되었다는 사실을 알고 검사를 받을 수 있었다면, 좀더 일찍 확산을 차단할 수 있었을 것이다. 그러나 역학조사의 편의를 위해 특정인이 감염 연쇄망의 시작점으로 지정될 수 있다 하더라도, 이후 일어난 모든 혼란이 오직 그로 인해 기인한 것처럼 책임을 추궁할 수는 없다. 감염병의 대대적 유행이라는 상황은 우리 모두가 이 감염의 연쇄 속에 있을 수밖에 없다는 것을 뜻한다. 첫 시작으로 지목된 그 역시 누군가로부터 감염되었다. 감염이 일어나는 과정에서 사람 존재는 서로에게 피해자도, 가해자도 아니다. 살아 있는 몸을 가진 인간으로 우리 모두는 다종다양한 바이러스의 숙주(host)가 될 가능성을 공유하고 있는, 즉 타자라는 손님을 맞이하는 어려운 일을 늘 감당해야 하는 몸이라는 집의 주인(host)이다.

＊

역학조사 방해자로 규정된 확진자가 일벌백계로 다스려지는 전 과정에서 접촉 추적(contact tracing)이라는 공중보건의 오랜 방식은 쫓고 쫓기는 검거의 스펙터클로 재창조되었다. 타인의 불행이 눈덩이처럼 커지는 모습이 언론의 보도전뿐 아니라 여러 인터넷 공간에서 흥미진진하게 중계되었다. 그리고 이 비극의 클라이맥스로 강조된 엄격한 처벌은 예방이라는 공중보건의 목표와는 이미 멀어진 지 오래이다. 이것은 외려 고통의 회계장부에 균형을 맞추려는 시도에 가깝다. 개인의 일탈이 다수에게 불안, 두려움, 불편, 손해를 입혔으니 그에게 이를 합산한 만큼, 아니 배로 되돌려주어야 한다는 것이다. 순간의 실수는 지역사회 전체의 위기라는 중대 사건으로 격화되었다. 그는 기본권을 빼앗기는 것이 마땅한 존재로 장기간 구금되었고 (그는 퇴원한 지 나흘 후 경찰에 자진 출석했고 바로 구속되었다), 이 과정에서 심각한 정신적 외상을 입었으며, 전과자라는 오명을 뒤집어쓴 자로 미래 역시 잃을 것이 공공연하게 기대되었다. 그는 법에 따라 처벌받았지만, 동시에 초법적으로 고통받았다. 한 사람의 삶이 완전히 뒤흔들렸다. 그러나 그가 아무리 고통받아도, 그로 인해 발생한 피해는 되돌릴 수도 줄어들지도 않는다. 한쪽의 고통을 아무리 늘려도 회계장부의 계산은 맞아 떨어지지 않는다. 다만 한 인간의 존엄성이 산산이 부서졌을 뿐이다.

## 비난 사회의 윤리

  죄와 벌의 이야기 반대편에는 코로나19 미담이라고 불리는 이야기들이 있다. 방역수칙을 철저히 지켜서 전파를 막은 사람들, 방역복을 구해서 비행 내내 입고 들어온 해외 입국자들, 식구끼리 있을 때도 꼭 마스크를 쓰고, 방을 비닐로 나눠 막아가며 자가격리 수칙을 잘 지킨 사람들의 이야기는 무릇 아름답게 들린다. 그러나 여기에도 처벌과 비난이 야기하는 불안의 그림자가 깊이 스며 있다. 이 자기보호와 배려의 이야기들은 죄와 벌의 이야기와 마찬가지로 바이러스 감염이 단순히 건강상의 위협을 넘어 도덕적 일탈자로 낙인찍힐 수 있다는 위험을 모두에게 부과하고 있다는 것을 알아차리지 않을 수 없게 한다. 확진 판정을 받은 사람은 자신이 감염될 만한, 또 추가로 타인에게 감염을 일으킬 만한 일체의 잘못을 저지르지 않았다는 무결함을 입증해야 하는 의무를 부과받는다. 즉 '죄 없는 확진자'가 일종의 도덕적 신분이라는 것을 뜻한다. 미담이라는 말 자체가 이미 어떤 사람들은 그들이 저지른 잘못의 대가로 감염된 것이 틀림없다는 확신을 전제하고 있다.

  감염병 대유행 상황에서 '적어도 남에게 민폐는 끼치지 말아야지'라는 말은 타인에 대한 배려를 나의 편의보다 우선시하겠다는 윤리적 태도를 뜻하기도 하지만 동시에 폐를 끼친다면 가만두지 않겠다는 앙갚음의 정서를 내포하고 있다. 코로나19에 감염된 이후 자가격리와 치료를 잘 견딘 사람들이 결국 퇴사를 종용받거나 집단감염 사태에 관계되었다는 이유로 해고를 당하는 상황, 또 지역감염을 일으킨 가게라는 딱지가 붙어 폐업할 수밖에 없게 되거나, 학교와 지역사회에서 가족 전체가 따돌림당하는 경험이 늘어만 가는 상황은 '민폐'에 대한 감각에 내재된 단죄의 욕망과 밀접하게 연결되어 있다. 코로나19 상황에서 늘어나기만 하는 약자와 소수자에 대한 혐오는 인간이라면 어쩔 수 없이 느끼는 인지적 반응에 따른 것이 아니다. 상호 이해와 아량에 아무런 공적 가치를 부여하지 않는 사회에서, 피해를 입혔다면 응당 복수해도 되는 사회에서 넉넉히 허용하는 폭력의 한 단면일 뿐이다.

감염병 예방에서 응보주의적 처벌에 기반한 접근의 가장 큰 문제점이 바로 여기에 있다. 누가 무슨 잘못을 했는지 그 여부를 따지는 것을 우선시하는 비난 게임은 질병을 그저 질병으로 받아들이지 못하게 한다. 코로나19의 대유행에서 가장 중요한 변수는 무증상 감염의 비율이 예상보다 훨씬 높았다는 것이다. 많은 사람들이 별다른 증상이 없다고 하더라도 타인과 밀접한 접촉을 자제하거나 피할 수 있고, 자발적으로 검사를 받을 때만이 유행이 잦아든다는 것을 뜻한다. 감염 그 자체가 비난의 근거가 될 때,

자발적 검사와 증상 보고는 역으로 줄어들 수밖에 없다. HIV와 에볼라 유행의 역사는 처벌 중심의 접근이 검사와 치료에서 자발성을 심각하게 저해한다는 것을 일찍이 입증했다. 사생활의 보호, 비낙인화, 차별 금지의 세 원칙은 철저한 방역을 위해 잠시 유보해도 되는 성질의 것이 아니다. 시민들이 수치심과 모욕의 대상이 되지 않도록 권리를 보장하는 일은 감염병 통제와 예방의 가장 중요한 준거점이다. 코로나19 대유행 상황에서 강조되어온 한국식 방역 모델이 실상 감염병 예방의 주요 의제를 치안과 사법의 영역으로 이관하는 것을 정식화하고 있으며, 이를 통해 보건의 핵심적인 원칙을 '나중에'로 미루게 한다는 점을 보다 심각하게 받아들일 필요가 있다. 처벌은 언제나 사후적 조치이며, 예방의 미래 지향성과 본질적으로 어긋난다.

신종바이러스 감염 이후 범법자가 된 한 소수자의 자리에서 재난을 바라볼 때, 분명해지는 사실이 있다. 우리 사회에서는 연민보다는 분노가, 아량보다는 추방이 더 크게 공언되어왔다. 코로나19는 낯선 타인의 건강과 안녕이 나의 건강과 안녕에 깊숙이 연결되어 있다는 사실을 우리에게 매일 일깨워주고 있다. 그리고 이 어쩔 수 없는 연결의 감각은 비난과 응징의 논법 속에서 연대와 협력의 경험으로 이어지기보다는 더 큰 불안과 긴장으로 증폭되었다. 한국사회가 코로나19 대유행의 시간에서 경험한 여러 혼란은 특정한 일탈자들이 사회적 신뢰를 깨뜨렸기 때문에 발생한 것이 아니다. 질서를 세우기 위해서는 서로에게 더욱 가혹하게 대해야 한다고 다짐하는 사회에서 신뢰나 상호 돌봄은 애초에 기대할 수 없는 종류의 것이다. 우리는 외롭게, 성마르게 앓고 있을 뿐이다.

무엇이 우리를 낫게 하는 것일까? 백신이 신속하게 개발되고 있으니 머지않아 우리 모두는 더이상 마스크를 쓰지 않아도 되는 편안하고 자유로운 세계로 돌아가게 될까? 포스트-코로나 사회라는 상상의 시간에서 우리는 신종바이러스를 정복하고, 마치 이제 모두가 감염의 위험에서 벗어난 것처럼 평온을 가장할 수 있을지 모른다. 그러나 우리는 분노의 격류와 비난의 소낙비가 만들어낸 깊은 생채기와 함께 남겨질 것이다. 수치심과 모욕, 고립과 빈곤을 오래 겪은 이들의 고통은 대유행이 잦아들어도 쉬이 사라지지 않을 것이다. 만약 이 고통을 통해 이전과는 다른 세계를 창조할 조금의 가능성이 있다면, 그것은 우리가 서로의 고통에 감응할 수 있을 때, 재난을 극복하기 위해 수단과 방법을 가리지 않고 싸우는 게 아니라 서로의 존엄을 지켜주기 위해 애쓸 때일 것이다.

마스크를 쓰지 않아도 되는 나날들은 아마도 재난 '종식' 이후의 시간이 아니라 '관해(寬解)'의 시간에 더 가까울 것이다. 질병의 고통이 완화되어, 다 낫지는 않았다고 하더라도 일상으로 회복을 도모할 수 있게 되는 때를 관해기(寬解期, remission)라고 부른다.[4] 이 시기는 질병 이전의 상태를 되찾은 때를 말하는 게 아니다. 고통을 헤아릴 줄 알게 되어 몸이 병에 너그러워지는 시간, 동시에 비슷한 고통이 언제고 다시 닥쳐올 수 있다는 것을 예비하는 시간을 뜻한다. 이 너그러움(寬)과 헤아림(解)의 시간은 분노와 응징, 재촉의 결과로 도래하지는 않을 것이다. 마스크로 입과 코를 가려야 한다고 하더라도 "침착하고 맑은 눈으로"[5] 서로를 바라볼 수 있을 때, 회복에 필요한 정의를 보복과 구별할 수 있을 때, 숨에 자유가 생겨나지 않을까? 많은 이들이 코로나19 감염을 몸의 병이자 오명으로, 불명예로, 적대로, 대혼란으로 경험해야만 했다. 크게 앓은 이들의 자리에서 사회의 회복을 다시 발견해야 한다.

# 마스크는
# 썩지 않는다

고금숙

내게 마스크는 전장에서 아군과 적군을 알아보게 하는 피아식별표다. 한번 쓰고 버리는 일회용 마스크를 썼는지, 빨아 쓰는 다회용 마스크를 썼는지에 따라 '쓰레기 덕후'(내가 일회용품 감소 활동을 하는 사람들을 부르는 별칭이다)인지 아닌지를 쉽게 알 수 있다. 유치하게 마스크로 편 가르기를 해서 뭐 하나 싶지만, 내 DNA는 즉각적으로 마스크를 스캔한다. 너는 내 편인가 아닌가. 심지어 BTS 멤버 '뷔'가 뮤직비디오에 다회용 마스크를 쓰고 나오자 '아미'의 심정이 되었다.

2018년, 지구의 쓰레기를 도맡아 처리하던 중국이 폐플라스틱 수입 금지령을 내렸다. 편리하고 위생적으로 여겨지던 일회용품은 거북이의 콧구멍에 낀 빨대로 각인되었다. 이후 일회용품에게는 고난의 행군이 시작되었다. 각국이 앞다퉈 비닐봉지 규제를 도입하면서 전 세계 127개국에서 플라스틱 관련 규제가 시행됐다. 유럽은 2021년부터 풍선 막대, 면봉, 빨대 등 상당수의 일회용 제품을 규제할 예정이다. 재활용하는 플라스틱보다 6배나 많은 플라스틱을 소각하는 미국에서도 재활용 처리 체계 도입을 논의 중이다. 국내에서는 매장 내에서 일회용 제품을 사용하지 못하도록 금지했고 2022년부터 카페의 일회용 컵 보증금제가 실시될 예정이다. 기업 역시 여론의 압박에 탈 플라스틱 전략을 내놓았다. 전 세계 해변에서 가장 많은 빈 병이 수거되는 브랜드 코카콜라는 새 플라스틱보다 두배 더 비싼 재활용 플라스틱 사용을 50%까지 확대한다고 선언했다. 글로벌 재활용 컨설팅 기업 테라사이클은 파리와 뉴욕 등에서 하겐다즈 아이스크림과 피앤지 샴푸 등을 스테인리스 용기에 담아 판매한 후 용기를 회수해 세척하는 사업에 나섰다. 국내에서도 쓰레기 잡는 스타트업 '트래쉬 버스터즈'가 야외 행사와 영화관에서 다회용기를 빌려 쓰고 반납하는 모델을 만들고 있다. 이들의 모토는 일회용만큼이나 쉽고 편리한 다회용 생활이다.

그러나 코로나 사태는 이런 흐름을 단박에 뒤집었다. 코로나19 바이러스는 일회용품 중흥의 역사적 사명을 띠고 일회용품 규제 정책을 망치러 온 일회용품의 구원자인 것만 같았다. 2018년 '쓰레기 대란' 당시 정부는 2030년까지 플라스틱 폐기물 발생을 절반 이상 줄이고 재활용 비율을 34%에서 70%까지 늘린다는 야심찬 '폐기물 관리 종합 대책'을 발표한 바 있다. 그러나 환경부는 2020년도 상반기 플라스틱 폐기물 하루 평균 발생량이 약 850톤으로, 2019년 상반기(732톤) 대비 약 16% 증가했다고 밝혔다. 이게 다 코로나 때문이다.

감염병 예방의 사명 아래 매장 내 사용이 금지되었던 일회용 컵과 식기가 다시 소환됐고, 세련된 테이크아웃 컵이 육중한 텀블러를 밀어냈다. 텀블러를 가져오면 할인해주던 프랜차이즈 카페들은 개인 텀블러 사용조차 허용하지 않았다. 한줌의 '쓰레기 덕후'만이 머그컵에 음료를 주문해 각자 텀블러로 옮겨담자는 지령을 알음알음 퍼뜨렸다. 하지만 감염을 우려한다며 매장 내에서도 일회용 컵만 허용하는 카페가 늘어나면서 우리의 지령은 끈 떨어진 갓 신세가 되었다. 복수심에 불탄 쓰레기 덕후들은 텀블러를 허용하지 않는 스타벅스를 손절했다. 사회적 거리두기와 자가격리로 택배 배송과 배달음식 주문이 늘면서 일회용품 역시 늘어났다. 일감이 오죽 많으면 택배 기사가 오밤중에 빌라 계단을 오르다 과로사했을까. 이외에도 마스크, 가림막, 장갑, 랩 등 접촉을 막는 일회용품이 무수히 사용되고 버려졌다. 병원에서 발생한 방진복과 방역용품 등의 의료폐기물 또한 급증하였으나 이들은 재활용조차 되지 않는다. 전례 없는 감염병 사태에 의료폐기물 전용 소각장이 터져나갈 지경이 되자 감염 우려가 낮은 병원 기저귀를 일반폐기물로 처리하기 시작했다. 코로나발 '의료폐기물 대란'을 일회용 기저귀가 온몸을 던져 막았다는 평이다.[1]


## 팬데믹은 끝나도 쓰레기는 남는다

지난 2020년 총선, 나는 고무장갑과 손 소독제를 챙겨 투표장에 도착했다. 코로나 시대에 투표를 치르기 위해서는 일회용 비닐장갑을 의무적으로 착용해야 했다. '쓰레기 덕후'들은 비닐장갑 한장의 두께를 0.02밀리미터로 계산하면 총선으로 버려지는 비닐장갑이 63빌딩 7개 높이라며, 비닐장갑 의무 착용 대신 손 소독제 비치 혹은 개인 장갑을 사용할 권리를 주장했다. 하지만 우리의 목소리는 별 반향을 얻지 못했다. 이후 나는 한강에서 자전거를 탈 때마다 자이언티의 「양화대교」를 들으며 양화대교 너머의 63빌딩을 마음에 아로새겼다. 일회용품에 지지 않겠다는 각오로 매번 참여하던 사전투표도 하지 않았다. 대신 SNS에 올라온 '쓰레기 덕후'들의 사전투표 경험을 모니터링하면서 만반의 준비를 했다.

사전투표장에서 개인 장갑 사용을 거절당한 사례가 적지 않았다. 실패담을 반면교사 삼아 신중하게 장갑을 골랐다. 주방의 상징 분홍 고무장갑은 아마추어적이라 거절당할 수 있어, 면장갑은 바이러스가 침입할 만큼 허술해 보이지, 의료용 실리콘 장갑이 프로페셔널해 보이겠지만 우리 집에는 없어. 결국 언뜻 보면 의료용처럼 보이는 아이보리 색 생고무로 된 장갑을 택했다. 고무장갑을 소독할 용도로 손 소독제와 에탄올 분무기까지 챙겨서 철벽 방어. 그렇게 쓰레기 없는 투표에 성공했다. 이후 내 투표를 지켜준 고마운 고무장갑은 두고두고 우리 집 설거지에 사용되었다. 고작 비닐장갑 한장 덜 쓴들 무슨 소용이더냐는 자괴감이 들 때마다 스스로에게 답한다. 내 고무장갑은 비닐 한장을 줄이는 데 그치는 것이 아니라 일회용품 없이 안전하게 투표할 수 있는 시스템을 만들라는 메시지다. 감염을 막기 위한 유일한 선택지로 일회용품에 기대지 말것, 쓰레기를 만들지 않고도 감염을 예방하는 다양한 선택지를 제공하는 사회를 요구하는 도구다.

얼마 전 유튜브에는 한 대학생이 일회용 마스크를 모아 열풍으로 녹여서 의자를 제작한 동영상이 올라왔다. 마스크 콧대를 지지하는 철심과 마스크 끈을 일일이 제거한 후 마스크 본체를 이루는 폴리프로필렌(PP)이라는 플라스틱만 골라낸다. 이 폴리프로필렌을 재활용해 단단한 의자를 만들다니, 그야말로 리스펙트. 플라스틱의 어원은 원하는 어떤 모양으로든 쉽게 가공할 수 있다는 뜻의 그리스어 플라스티코스(plastikos)에서 유래한다. 이름에 걸맞게 마스크는 의자로 변신한다. 아마 전 세계적으로 이토록 많은 일회용 마스크가 버려진 건 처음일 것이다. 계절과 날씨 따라 수치가 오르락내리락하는 미세먼지 습격 때와는 비교를 할 수 없다. 여름이든 겨울이든 안이든 밖이든 눈이 오나 비가 오나 코로나 시대의 정언명령은 마스크 쓰기다. 플라스틱 반대 연합 네트워크(BFFP, Break Free From Plastic)에 따르면 코로나19 대유행 후 버려진 마스크는 3조개에 이른다. 이보다 좀더 보수적으로 영국 BBC는 매달 전 세계에서 1,290억개의 마스크가 버려진다고 밝혔다.[2] 이는 일년에 약 1조 5천억개다. 압도적인 숫자 앞에 서면 재벌 비자금 뉴스를 볼 때처럼 백억인들 천억인들 '이런들 어떠하며 저런들 어떠하리' 하는 심정이 되고 만다. 그래서 앞에서처럼 63빌딩으로 환산해보았다. 마스크의 두께를 비닐장갑과 같게 0.02밀리미터라 치자. 1년에 3조개의 마스크가 버려진다고 가정했을 때 이 마스크로 63빌딩 240,964개를 쌓을 수 있다. 즉 하루에 63빌딩 695개 높이의 마스크가 버려진다. 우주에서도 육안으로 보인다는 낭설의 주인공, 만리장성 3개를 이은 길이다. 물론 마스크는 비닐장갑 두께보다 두껍다. 바닷새의 다리를 휘감은 마스크 사진을 볼 때마다 루시드폴의 노랫말 '살아가는 게 나를 죄인으로 만드네'가 귓전에 맴돌았다.

세계보건기구는 위험한 환경에 있거나 의료계 종사자가 아닌 한 세 겹 정도의 도톰한 천 마스크가 비말 감염을 막는다고 밝혔다. 마스크에 묻을 코로나19 바이러스가 염려되면 60도 이상의 뜨거운 물에 담갔다 세탁하면 된다.[3] 높은 온도에서 바이러스가 죽는다. 영국의 미세플라스틱 전문가 크리스천 던(Christian Dunn) 박사는 재사용 마스크 사용을 장려하기 위해 저렴한 일회용 마스크에 세금을 부과하거나, 정부가 다회용 마스크의 안전성에 대해 명확한 메시지를 발표할 것을 주장한다.[4]

표면에 남을 바이러스가 두렵다는 이유로 다회용품 사용을 꺼리지만 이에 대한 근거는 약하다. 미국 질병관리본부(CDC)에 따르면 코로나19 바이러스는 물건 표면을 통한 전파 가능성이 낮고 비말, 즉 사람과 사람을 통해 전염된다.[5] 코로나19 대유행의 한복판에서 역학자, 생물학자, 의사 등 18개국의 과학자 119명이 다회용품 사용이 코로나 감염 위험을 높이지 않는다는 공식 성명서를 발표했다.[6] 다회용품보다 일회용품이 더 안전하지도 않을뿐더러 오히려 향후 또다른 공중보건 문제를 일으킬 거라는 경고다. 코로나19 바이러스 백신이 나오면 어쨌든 코로나 사태는 잠잠해질 것이다. 하지만 팬데믹은 끝나도 플라스틱은

영원히 남는다.


## 쓰레기의 방귀 효과

일회용 플라스틱의 가장 잘 알려진 문제는 인간의 시간 내에 썩지 않는다는 점이다. 이보다 덜 알려져 있으나 플라스틱의 모태인 화석연료와 연결되는 또다른 문제가 있다. 모든 화석연료는 공룡시대까지 거슬러가는 지구의 지질학적 시간을 품은 유기체 덩어리다. 즉 건강원에서 큰 압력솥에 몸에 좋다는 온갖 동물의 사체를 넣고 고를 내는 것처럼 억겁의 시간 동안 지구의 열과 압력을 가해 동식물의 사체를 고아낸 엑기스가 바로 석유다. 유기체의 기본 원소는 탄소와 수소다. 탄소를 내뿜지 않고 스스로 처리할 수 있는 유일한 생명체는 이 지구상에서 탄소를 이용해 광합성을 하는 식물뿐이다. 그외의 모든 생명체는 탄소를 내뿜는다. 식물조차도 생을 다해 광합성을 하지 못하면 탄소를 뱉어낸다. 따라서 유기체의 엑기스인 석유를 뽑아 사용하는 모든 과정에서 탄소가 켜켜이 새어나온다.

2014년에는 전체 석유 사용량의 6%가 플라스틱 제조에 사용되었으나 2020년에는 20%에 달한다.[7] 결국 플라스틱을 만들고 사용하는 데 더 많은 석유가 쓰이고 그만큼 플라스틱에서 더 많은 탄소가 배출되며 늘어난 탄소로 인해 지구는 더 뜨거워진다는 의미다. 반대로 플라스틱을 규제하면 석유 사용량과 탄소 배출량 역시 줄어든다. 세계 127개국이 비닐봉지 규제를 도입한 결과 2040년까지 하루 평균 200만 배럴, 즉 현재 일 평균 석유 사용량의 약 2% 정도가 줄어들 예정이다.[8]

선거 때 고작 비닐장갑 한장을 줄이는 것이 무슨 소용이냐면 단 한 사람이라도 1년 동안 비닐봉투를 안 쓰면 54.1킬로그램의 온실가스를 줄일 수 있다. 소만 방귀를 뀌는 것이 아니다. 쓰레기도 방귀를 뀐다. 내가 사는 서울 마포구에는 쓰레기 매립지를 폐쇄하고 그 위에 조성한 큼직한 공원이 있다. 공원의 한적한 숲길을 걷다보면 미어캣처럼 땅에서 고개를 빼꼼 내밀고 있는 메탄가스 배출구를 볼 수 있다. 쓰레기가 땅에서 분해되는 수십년 동안 소의 방귀 성분이자 이산화탄소보다 25배나 강력한 온실가스인 메탄가스가 흘러나온다. 비닐장갑은 자외선에 노출되면 미세플라스틱으로 삭으면서 메탄가스를 내뿜는다. 그러니 비닐장갑 대신 고무장갑으로 투표하는 행동은 일회용 사회에 던지는 짱돌인 동시에 기후위기에 저항하는 효과를 갖는다. 한국인은 1년에 일인당 12.8톤의 온실가스를 배출하는데, 이는 세계 평균인 4.8톤의 약 세배에 해당하는 양이다.[9] 고작 비닐장갑 한장이라고 무시하지 마라. 이미 넘

치는 온실가스를 배출한 우리가 지구에게 한번이라도 차
가운 사람이었던 적 있느냐 말이다.

기후위기를 타개하기 위해 전 세계가 모인 파리협정의
목표는 2050년까지 기온 상승을 섭씨 1.5도 이내로 유지
하는 것이다. 지금까지 이 목표를 위한 노력은 전기차로
상징되는 수송 에너지의 변화, 태양광 같은 재생 에너지로
의 전환, 그린 리모델링을 적용한 건물의 에너지 효율성
향상 등에 집중되었다. 물론 재생 에너지로의 전환과 에너
지 효율성은 참으로 중요하다. 그러나 이러한 에너지는 온
실가스 배출량의 55%를 차지하고 나머지 45%는 우리가
먹고 입고 쓰고 버리는 음식과 물건에서 배출된다. 즉 온
실가스의 45%는 자동차, 옷, 음식, 플라스틱, 시멘트, 휴
대폰 등 우리의 일상을 채우는 물건과 먹거리에서 나온다.
세계경제포럼에 따르면 4개의 플라스틱 음료 병을 제조할
때마다 자동차를 1.6킬로미터 운행할 때와 같은 온실가스
가 발생한다.[10]

자원순환사회를 설계하는 앨런맥아더재단(Ellen Macarthur
Foundation)이 2019년에 펴낸 보고서에 따르면 쓰레기가
나오지 않도록 물건을 디자인하고, 물질을 재활용하여 다
시 사용하고, 농지를 재생함으로써 93억 톤의 탄소 배출량
을 줄일 수 있다.[11] 이는 전 세계 모든 형태의 운송수단에
서 배출되는 탄소를 상쇄하는 양이다. 볼테르의 소설 『캉

디드 혹은 낙관주의』에 나오는 '지금 이 순간이 가장 좋은 세상'일 거라고 믿는 낙천주의자 '캉디드'가 되어 곧 에너지 효율성 100%를 달성한다 치자. 그럼에도 자원순환이 뒷받침되지 않는다면 2100년에는 물건 생산과 소비로 인해 918억 톤의 이산화탄소가 배출될 예정이다. 다시 내 안의 해맑은 '캉디드'가 뛰쳐나와 에너지 효율성 증대는 물론 100% 재생 에너지로의 전환에 성공해 탄소 제로 사회가 될 거라고 소리친다. 그럼에도 자원순환사회로의 대전환 없이는 파리협정의 1.5도 상한선인 온실가스 배출량 500억 톤을 넘는 649억 톤을 배출하게 된다. 따라서 물건과 먹거리 생산을 갈아치우지 않는 한 에너지 전환만으로는 기후위기에서 벗어날 수 없다.[12]

쓰레기를 태울 때 나오는 에너지로 냉난방 장치나 공장을 돌리는 데 사용하면 어떨까. 물론 소각 에너지를 흘려버리는 것보다 어떻게든 사용하는 것이 낫지만 에너지 연료화는 에너지 효율면에서 적자이자 탄소 집약적이란 사실을 기억해야 한다. 폐기물을 태우는 데 투입한 에너지가 폐기물을 태워서 얻는 에너지보다 크기 때문이다. 제로 웨이스트 유럽(Zero Waste Europe)은 유럽연합의 전력 부분 탄소 집약도는 296g $CO_2eq/kWh$로, 쓰레기 소각 시 생산되는 에너지의 탄소 집약도 580g $CO_2eq/kWh$의 절반밖에 안 된다고 지적한다.[13] 즉 쓰레기를 소각해서 얻는 에너지는 발전소에서 생산한 전기 에너지보다 약 두배 더 많은 탄소 발자국을 남긴다.

2018년 6월호 『내셔널 지오그래픽』 표지는 거꾸로 뒤집혀 해수면 위로 뾰족 솟은 빙하처럼 보이는 투명한 비닐봉지였다. 우주의 코딱지처럼 사소한 존재인 나는 삼척에 건설 중인 석탄화력발전소가 망하게 해달라고 기도하는 것 외에 할 수 있는 일이 없다. 몇년 전 생전 처음 삼척을 방문해 '1인당 온실가스 배출량 세계 5위, 이산화탄소 배출량 세계 7위, 석탄 발전소 밀집도 OECD 1위'라고 쓰인 피켓을 들고 행진했지만 발전소는 착실히 올라갈 뿐이었다. 그럴 때는 망원시장에서 비닐봉지 한장이라도 거절하고 내 용기에 알맹이만 담아온다. 비닐봉지와 일회용 플라스틱은 빙하를 녹아내리게 한다. 동시에 우주의 코딱지처럼 사소한 존재에게도 지금 당장 여기에서 뭐라도 해볼 수 있는 여지를 준다. 사소하고도 다정해서 허무할 틈을 주지 않는 것이 바로 제로 웨이스트 운동의 매력이다.

## 다회용품 VS 일회용품 오염

얼마 전 UCLA 연구팀이 재밌는 실험을 했다. 사물 표면에 붙은 코로나19 바이러스가 얼마나 오래 살아남을까.

코로나19 바이러스는 플라스틱과 스테인리스 표면에서는 2~3일, 구리와 종이 표면에서는 24시간 살아남았다.[14] 최근 연구는 종이처럼 바이러스 생존에 필요한 수분을 흡수하지 않는 플라스틱 표면에서 바이러스가 가장 오래 살아남았고 일주일까지 생존했다고 밝혔다.[15] 사물 표면을 통해 바이러스 감염이 일어날 가능성은 낮고, 코로나 바이러스는 플라스틱 표면에서 더 오래 생존함에도 불구하고 우리는 감염에 대한 막연한 두려움을 줄이기 위해 일회용품을 사용한다. 하지만 과연 일회용품이 반드시 위생적이고 안전한가? 우리는 일반적으로 창고와 선반 등에 보관해놓은 일회용품을 사용한다. 일회용품이든 다회용품이든 제조, 운송, 보관하는 사이 바이러스에 오염될 수 있다. 일회용품은 새 물건이란 이유로 전처리과정 없이 바로 사용된다. 다회용품의 경우 사용 전 헹구거나 뜨거운 물에 소독할 수 있다. '트래쉬 버스터즈'는 미생물 검출기를 통해 자사 다회용 접시와 일회용 접시를 비교해보았다. 살균 보관한 다회용 접시보다 일회용 접시에서 20배나 더 많은 미생물이 검출되었다. 자주 손을 씻으라는 방역수칙처럼 사용 전 다회용기를 깨끗하게 씻는 방법이 가장 안전하고 위생적이다. 그러니 텀블러를 불허하고 일회용 컵만 허용한 카페는 틀렸다.

텀블러를 금지한 프랜차이즈 카페의 논리 중 하나는 개

인 텀블러를 세척하는 노동자가 감염에 취약할 수 있다는 점이었다. 중요한 지적이다. 하지만 과연 일회용 컵 사용이 문제의 해결책일까? 캘리포니아 직업안전위생관리국(Cal/OSHA)은 같은 문제에 대해 장바구니를 금지하는 대신 "손님의 장바구니를 만지지 말 것, 손님에게 장바구니를 쇼핑카트에 두고 직접 장바구니에 제품을 담을 것을 요구하라"라는 지침을 내렸다.[16] 카페의 경우 텀블러를 손님이 직접 세척하도록 세척대를 마련하고 손님이 텀블러를 지정 공간에 두면 노동자가 음료만 부어주는 방법도 생각해볼 수 있다. 혹은 카페 머그컵에 음료를 제공하고 손님이 직접 텀블러에 옮겨 담도록 안내해도 된다. 일회용품이라는 손쉬운 대안의 문제점을 인식하면, 더 나은 대안을 생각할 공간이 생긴다.

코로나 이전 재사용 용기의 최대 도전은 "일회용품보다 더 편하고 더 저렴해질 수 있어?"에 답하는 것이었다. 이는 규모와 기간의 문제다. 일정 이상의 규모와 일정 기간을 넘기면 다회용기 관리 비용이 일회용품 구입 비용과 같거나 낮아질 수 있다. 하지만 이제 일회용기든 다회용기든 비용편익 분석이라는 시장의 관문을 넘어 코로나 시대의 방역을 통과해야 한다. 내가 공동운영하는 리필스테이션 '알맹상점'에서는 열탕 소독과 살균건조기를 이용해 다회용기를 관리한다. 또한 원하는 손님은 전기 없이 손잡이를 돌려서 작동하는 UVC 살균기를 사용할 수 있다. 전 세계에서 다회용기 시범사업 중인 테라사이클은 코로나보다 더 강력한 바이러스로부터 안전한 다회용품 관리법을 마련하고 있다. 이제 질문은 일회용 플라스틱을 향한다. 그렇다면 일회용품, 너는?

예전에는 가방에서 텀블러, 스테인리스 빨대, 젓가락 등을 꺼내면 유별난 환경주의자 취급을 받고는 했다. 요즘은 가끔 "아, 자기 식기로 먹는 것이 가장 안전하죠"라는 코로나발 '미필적 고의'의 상황이 펼쳐진다. 개인 용기를 바리바리 싸다니는 실천은 스스로를 지키는 최선의 위생이자 지구를 위한 행동이다. 하지만 이는 사소한 존재인 개인에게 위생과 지구를 몽땅 떠넘긴다. 이제는 기업과 사회가 용기를 내야 한다. 기업은 재사용 시스템을 도입해 리필 문화를 선도하고 사회는 일회용품에 대항해 재사용 대안이 살아남도록 지원책을 마련해야 한다. '배달의민족'은 일회용 수저와 젓가락을 거절하는 선택란을 만들고 친환경 생분해 용기를 도입했다. 좋은 방향이다. 하지만 거기서 멈추지 않고 원하는 누구든 보증금을 내고 다회용기로 배달음식을 시키고 그릇을 회수하는 모델을 마련하면 어떨까. 10년 전만 해도 영세한 중국집들도 재사용 그릇을 찾아가는 서비스를 제공했다. 국제 자본을 투자받아 베트남까지 진출한 영롱한 배달의민족이 왜 그걸 못할까. 그리하여 개인이 빈손으로 다녀도 쓰레기가 나오지 않는 사회를 꿈꾼다. 재사용 문화는 포장재 구입과 쓰레기 처리 비용을 줄여 기업의 효율성을 높이고, 지역 일자리를 창출하는 효과가 있으며, 플라스틱 오염을 줄이고, 우리의 건강과 지구를 지켜준다. 코로나 시대, 우리에게는 백신이 필요한 만큼 섹시한 재사용 모델도 필요하다.


## 지지 않는다는 마음

알맹상점 한편에는 '커뮤니티 회수 센터'가 있다. 현재 재활용 체계에서 재활용되지 않고 버려지는 물건들을 회수해 새 물건을 만드는 곳에 보낸다. 병뚜껑처럼 손이 많이 가되 돈이 안 돼서 버려지는 작은 플라스틱들, 쓰레기 봉투에 버려야 하는 원두 가루나 실리콘 제품, 종이와 섞어서 배출하면 재활용이 안 되는 우유 팩, 테트라 팩 등을 모은다. 알맹상점의 어떤 제품이나 서비스보다 인기가 많다. 직접 참여해 쓰레기를 구해냈다는 황홀한 기분이 마음을 채운다. 시민들의 긍정적 반응을 보고 기업은 플라스틱 프리 캠페인을 시작해 빨대를 거둬들이고 다 쓴 칫솔을 모아 플라스틱 의자를 만들고 재활용이 쉽도록 재활용 세척소를 만든다. 지난 2년간 '쓰레기 덕후'들은 유통과 생산

63

단계에서 발생하는 쓰레기를 문제 삼는 '플라스틱 어택'으로 일회용 컵 보증금제와 N+1 재포장 금지, 음료 팩에 붙은 일회용 빨대 문제 제기 등 작은 승리들을 일궜다.

그러나 핫한 라이프스타일로 비치는 제로 웨이스트 물결의 이면에는 거대한 석유화학산업이 똬리를 틀고 있다. 엄밀히 말해 우리는 매일매일 지고 있다. 플라스틱 문제는 결국 화석연료로 돌아온다. 그린뉴딜의 핵심은 지구 최강의 에너지원인 화석연료 없이 이 문명과 풍요를 유지할 수 있을까에 달려 있다. 현실적으로 재활용 플라스틱은 석유에서 뽑아낸 '버진' 플라스틱을 당해낼 수가 없다. 「플라스틱 팬데믹」이라는 제목의 기사는 5개 대륙에 걸쳐 24명의 재활용 업계 종사자 인터뷰로 이 암울한 상황을 전한다. 홍콩의 한 재활용 업자는 "이 길고 긴 터널의 끝에 아무런 희망도 보이지 않는다"고 고개를 떨군다.[17]

석유화학산업은 말로는 플라스틱 프리와 친환경을 표방하지만 실제 돈을 투자하는 영역은 신규 플라스틱 산업이다. 전 세계적으로 향후 5년 동안 4천억 달러의 돈이 새 플라스틱 제조에 쏟아질 예정이다. 176개의 석유화학공장이 새로 지어지고 그중 80%는 아시아에 위치한다.[18] 앞으로 생겨날 아시아 중산층들이 더 많은 플라스틱 소비재를 원할 것이라는 전망 아래 석유화학산업은 게걸스럽게 플라스틱 공장을 세운다. 중산층의 삶이란 넘치게 풍요로운 소비재를 사고 내다 버리고 더 많은 탄소를 배출하는 것을 의미하기 때문이다. 화석연료는 이 세계의 불평등을 평평하게 만들어 계급이 낮아도 풍요로운 삶을 가능케 한 물질 민주화의 원천이다. 또한 플라스틱 제조에 유리한 셰일가스가 개발되면서 플라스틱 제조 단가는 더 떨어지고 석유 가격이 피크를 찍어도 플라스틱 생산은 안정적으로 유지될 수 있다.

코로나 시대 이전에도 재활용 산업은 정부 보조금이나 후원 없이 살아남기 어려웠다. 알맹상점에서 판매하는 새 플라스틱 화장품 용기는 2,000원인 반면 재활용 용기(PCR 플라스틱)는 5,000원이다. 그러나 이는 재활용 지옥의 끝이 아니라 고작 시작이다. 코로나 사태는 재활용 산업을 끝 간 데 없는 파국으로 몰아간다. 코로나 대유행 후 경제 성장이 멈추고 산업계의 석유 수요가 떨어지자 석유 값이 하락하고 결국 석유로 만드는 플라스틱 가격도 떨어졌다. 가장 많이 사용되는 재활용 음료 병은 저렴한 새 음료 병에 비해 83~93%나 비싸졌다. 재활용 플라스틱과 '버진' 플라스틱의 가격 차이는 산업계가 재활용 플라스틱을 포기하게 만든다.

코로나 사태 이후 유럽에서는 재활용 플라스틱의 수요가 전년도 같은 분기에 비해 약 20~30%, 동남아와 남아시아에서는 절반 이하로 떨어졌다. 사람들이 집에 오래 머물수록 쓰레기를 많이 내놓고 재활용률은 떨어진다. 필리핀, 베트남, 인도에서는 코로나가 한창일 때 재활용 공장의 80%가 문을 닫았다. 결국 재활용 산업은 저유가에 울고 코로나에 우는 이중고에 시달리고 있다. 해당 기사는 한 재활용 업자의 인터뷰로 마무리된다. "우리는 총체적으로 몰락하고 있다."(We're seeing massive disruption.)[19]

소각 반대 네트워크 가이아(GAIA)에 따르면 플라스틱에서 액체 원료로 전환하는 화학적 재활용 등 신기술을 모두 동원해도 우리가 버리는 물질의 최대 54%까지만 재활용이 가능하다.[20] 먼저 일회용품을 거절하고 줄이고 재사용하는 사회로 전환해야 한다. 그 과정에서 발생하는 버려지는 것들은 재활용한다. 두가지 방향과 행동이 함께 이뤄져야 한다. 그것을 가능케 하는 기반은 지극히 효율적인 화석연료에서 발생한 건강 문제, 생태 독성, 기후위기 등의 외부비용을 반영한 강력한 '탄소세'의 시행이다. 새 플라스틱과 화석 에너지에 가격을 매기라, 물질적으로 풍요롭지 못한 소외된 나라의 소외된 사람들에게는 탄소세 재원으로 바우처를 지급하라, 그리고 재사용하고 재활용할 수 있는 모든 물건에 보증금을 붙여 물건이 순환하는 사회를 만들라.

2017년부터 가나에서는 여성들이 폐플라스틱을 주워오면 돈으로 교환해주는 프로그램을 시행 중이다. 아이티에는 '플라스틱 뱅크'가 설립돼 플라스틱을 가져오면 식료품으로 교환해준다. 인도에서는 '쓰레기 줍는 사람들'(waste pickers)의 대다수를 차지하는 가장 차별받는 불가촉천민 '달리트'들이 교육과 복지, 안정적이고 안전한 일자리를 위해 싸운다. 이들이 뭉쳐 연대한 결과 2013년 인도 정부는 '재활용품 수집인'이라는 공식 직업 카드를 발급했다. 이 카드 덕분에 인도의 '쓰레기 줍는 여성들'은 은행 계좌를 개설하고 자녀의 학자금 대출을 받고 건강보험을 신청할 수 있게 되었다. 2019년 그들은 '변화를 위한 플라스틱'(Plastic for Change)로 이름을 바꾸고 전 세계 최초 재활용 플라스틱 공정무역 인증을 획득했다. 소비자는 새 플라스틱 사용을 줄이고 재활용 공정무역 플라스틱으로 만든 물건을 구매한다. 기업은 '쓰레기 줍는 사람들'에게 공정한 임금을 제공하며 새 플라스틱 대신 공정무역 재활용 플라스틱으로 제품을 만든다. 이 운동을 주도한 날리니 셰카(Nalini Shekar) 대표를 찾아갔을 때 그는 말했다. "많이 배우고 여유로운 중산층만이 환경운동에 참여하는 것이 아닙니다. 웨이스트 피커들은 재활용 전문가이자 사회혁신가고 조용한 환경주의자입니다. 웨이스트 피커 운동은 여성과 노동과 빈곤이 교차하는 환경정의 운동입니다." 실제 이들을 조직하는 데에는 '여성해방연대' '달리트 차별 반대' 등 여성·환경·노동 단체가 힘을 함께했다.

한국의 골목골목에도 '쓰레기 줍는 사람들'이 있다. 코로나로 인해 더 늘어난 쓰레기를 헤치고 그중에서 폐지와 재활용이 될 만한 물건을 건져내는 노인들. 그들이 수거하는 양을 지자체나 정부가 수행할 경우 대충 계산해도 약 80%의 비용이 더 든다.[21] 동네마다 '쓰레기 산'이 생기지 않도록 거리의 쓰레기를 매만져 일상을 지탱하게 해주는 '쓰레기 줍는 사람들'의 시간당 임금은 약 1,500원이었다. 자본주의 사회에서 쓰레기는 가장 가난한 나라로, 가장 가난한 사람들에게 정착한다. 유해 폐기물의 국제 이동을 금지한 바젤협약을 성사시킨 짐 퍼킷(Jim Puckett) 활동가는 '쓰레기는 가장 경제적 저항이 적은 경로로 흘러내린다'라고 했다.

　하지만 가난한 나라의 가장 가난한 사람들이 서로 연대해 대안을 만들어내기도 한다. 질 수밖에 없어 보이는 싸움에 임하는 약한 자들의 유일한 무기는 언제나 연대다. 내 곁에 네가 있고 네 곁에는 또다른 네가 있다. 이 '곁들'의 존재가 뭐라도 해보자고 나서게 한다. 우리는 지구 최강의 에너지인 화석연료에 매일매일 지는 싸움을 한다. 손자병법에는 '이기는 것은 내게 달려 있지 않지만 지는 것은 내게 달려 있다'라는 말이 나온다. 이기지 않아도 어쩔 수 없다. 나는 작디작은 우주의 코딱지니까. 하지만 세상에는 이 사소한 코딱지들이 무수히 많다. 나는 그들이 서로의 곁이 되는 신비한 광경을 계속해서 보고 싶다. 설령 인간이 어리석은 짓을 못 멈춰서 지구가 망하더라도 끝까지 사소한 실천을 함께한 사람들의 곁이 되고 싶다. 그러니 나는 오늘도 텀블러와 용기를 챙기며 말을 건넨다. 쓰레기 덕후들아, 쓰레기 덕질로 파이팅 넘치는 하루!

# 코로나 시대의
# 배달노동

박정훈

'택배 기사와 배달원은 반드시 헬멧과 마스크를 벗고 입장하시오.'

고급 아파트 입구에 붙어 있는 경고문이다. 헬멧은 흉기가 될 수 있고, 마스크는 혹시 모를 범죄가 일어났을 때 용의자를 찾아내는 데 방해가 될 터였다. 코로나19 이전, 우리는 잠재적 범죄자 취급을 받았다. 배달 노동자들은 경비원이 지키고 있는 아파트 안내데스크에서 연락처를 기재하고, 주민들과 마주치지 않도록 화물용 엘리베이터를 타야 한다. 코로나19 이후, 이 경고문 바로 옆에 새로운 경고 문구가 붙었다.

'외부인은 반드시 마스크를 착용하고 입장하시오.'

마스크를 벗으라는 빛바랜 글자와, 마스크를 반드시 쓰

라는 선명한 글자 사이에 배달 노동자들의 모순적인 위치가 있다.

코로나19가 본격적으로 유행하기 시작한 2020년 2월 말, 라이더들은 꽤나 큰 공포를 느꼈다. 당시에는 코로나 바이러스에 대한 정확한 의학적 정보가 없었고, 각종 괴담과 '카톡 찌라시' 등만 돌아다니고 있었다. 확진자가 나온 동네의 라이더들은 예민해졌다. 코로나 전파 초기, 한 배달노동조합에서는 중국인 밀집지역에 대한 배달을 금지시켜달라고 했다가 여론의 지탄을 받고 사과하기도 했다. 유감스러운 일이었지만 바이러스에 대해 알려진 것이 거의 없던 무렵이었다. 대면 접촉이 많은 배달 노동자들의 공포를 마냥 비난할 수만은 없었다.

안타깝게도 혐오는 아래로 흐르고 흘러 라이더에게 되돌아왔다. 창원에서 배달 대행업체를 하는 한 사장님은 '자기들이 필요해서 배달을 시켜놓고 막상 가면 왜 배달원들을 싫어하는지 모르겠다'라며 하소연을 했다. 다음 날에는 배달 구역에 확진자가 나왔는데 배달을 막아야 하느냐고, 서울은 어떻게 하고 있느냐고 묻는 전화를 했고, 그다음 날도 상황이 궁금하다며 연일 전화를 했다. 부산의 라이더유니온 조합원은 배달을 갔더니 손님이 분무기로 소독약을 뿌렸다고 노조 단체 메신저 방에 하소연을 했다. 설마 그랬을까, 믿기 어려웠다. 그런데 다른 조합원이 바로 답했다. "저도 맞았어요." 엘리베이터를 함께 탔는데 굳이 우리 조합원에게 버튼을 눌러달라고 부탁한 일도 있었다. 코로나19 사태 초기에 엘리베이터 버튼을 통한 감염을 우려해 이쑤시개나 면봉을 배치하곤 했는데 졸지에 배달원이 이쑤시개가 된 셈이다.

코로나19 이전, 배달은 편리한 서비스이지만 배달을 하는 노동자들은 불편한 존재였다. 코로나19 이후, 배달은 필수적인 산업이 됐지만 배달을 하는 노동자들은 여전히 필수적인 존재가 아니다. 언제든지 대체 가능하며, 한두명 과로나 사고로 죽어도 큰 문제가 되지 않는다. 택배 노동자 사망이 두 자릿수를 넘기고, 배달 노동자 사고 기록이 세 자릿수를 넘기고 나서야 마스크를 씌우기도 벗기기도 쉬운 노동자들의 존재가 드러났다.

## 실업자들의 종착역, 플랫폼

외출이 어려워지면서 배달 서비스가 어느 때보다도 긴요한 상황이 되었다. 자영업자들도 커다란 타격을 입었는데, 손님들이 오지 않으니 매출이 줄고 폐업 위기에 직면했다. 숨어 있는 손님들을 찾아내서라도 팔아야 했다. 배달을 하지 않던 매장들도 플랫폼들과 계약을 맺고 배달 서비스를 제공했다. 의료진들이 병을 치료하기 위해 사투를 벌였다면, 배달 노동자들은 고립된 국민들의 배고픔을 해결하고, 위기의 자영업자를 살리기 위한 질주를 벌였다. 코로나19 국면에서 배달은 사실상 공공 서비스처럼 운영됐다.

내가 일하고 있는 맥도날드도 예외는 아니었다. 코로나19로 배달 수요가 늘어나는 기막힌 타이밍에 하필 맥도날드의 사장이 교체되면서 바뀐 햄버거의 빵이 대히트를 쳤다. 그동안 상하이버거가 다이어트를 했다는 둥, 빅맥 맛이 변했다는 둥 다양한 의혹을 샀던 맥도날드의 이미지가 한순간 바뀌었다. 덕분에 나의 일감도 급격히 늘었다. 혼자 일하는 주말 아침 8시와 10시 사이에는 20분 만에 배달여섯건을 마친 적도 있었다. 오전 10시부터는 맥도날드도 배달 대행 서비스를 이용하는데, 맥도날드의 일감이 느니 대행업체 소속 라이더들의 매장 방문도 늘었다. 플랫폼 노동자라 불리는 배달 대행 라이더들 덕분에 오전 10시부터는 한숨 돌리며 일을 할 수 있다. 맥도날드 소속 근로자 신분인 나는 최저임금에 배달 한건당 400원을 받지만 그들은 배달 한건당 3,000원의 수익을 올린다. 그래서 맥도날드가 적힌 배달통보다는 '부릉' '바로고' '생각대로' 로고가 적힌 배달통을 실은 오토바이가 더 빠르게 질주한다. 배달을 많이 하면 많이 할수록 수입이 늘기 때문이다.

일감이 늘어났으니 라이더들의 상황은 좋아졌을까? 배달업계가 '호황'을 맞자 언론에서는 배달 라이더의 연봉이 1억에 달한다는 식의 기사를 내기 시작했다(현실에서는 어림도 없는 소리다). 하지만 실업자가 속출하는 다른 업계에 비하면 배달업이 나아 보였다. 신입 라이더 수가 늘어나기 시작했다. 하루는 아침에 일어나서 핸드폰을 확인했는데, 새벽 5시에 부재중 통화 기록이 남아 있었다. 시간이 심상치 않아 바로 전화를 걸었다. 다짜고짜 상담이 가능하냐기에 기분이 조금 언짢았지만 사정을 들어보니 이해가 됐다. 그는 정수기 설치와 필터 교체 일을 하던 기사였는데, 코로나로 고객들이 방문을 거부하면서 수입이 급감했다. 살 방도를 찾다가 배달업에 뛰어들기로 결심했는데, 그때부터 고민이 시작됐다는 거다. 온갖 영상과 기사들을 살펴보니 배달 일을 하기가 망설여졌단다. 대한민국의 40대 남성의 입에서 듣기 힘든 솔직한 심정이 수화기 너머로 들렸다. '겁난다.' 사고 영상을 보니 죽음의 공포가 엄습한 것이다.

공포는 '죽음'뿐만이 아니었다. 배달용 보험을 알아보니 1년에 1,000만원 가까이 된다고 했다. 게다가 이 비싼 보험은 사고 났을 때 상대방의 치료비와 손상된 물건 값만 보상해줄 뿐, 자기 치료비와 오토바이 수리비는 보장해주지 않는다. 자기 치료비는 산재보험으로 해결하면 될 것 같은데, 산재보험도 가입시켜주지 않는 업체들이 많다. 두렵고 망설여져서 고민 끝에 라이더유니온에 상담을 하고 싶어 전화를 했다는 거다. 배달업계의 상황이 워낙 특수해 설명이 쉽지 않았지만, 답을 하자 그는 바로 알아듣는 듯 했다. 본인이 본래 하고 있던 정수기 설치 기사가 바로 특수형태근로종사자이기 때문이다.

그와의 상담 내용은 코로나19로 일감이 늘었으니 배달업계는 그나마 사정이 낫지 않느냐는 질문에 일종의 대답이 될 것 같다. 배달업은 진입장벽이 낮아서 누구나 할 수 있다고 말하는데, 실제로는 사회적 시선, 사고에 대한 공포 때문에 진입장벽이 낮다고 보기 힘들다. '진입장벽'의 높이 역시 계층과 계급에 따라 다르다. 위험한 일에 익숙했던 노동자들에겐 진입장벽이 낮을 수 있지만, 삶의 경험이 완전히 다른 노동자들의 입장에서는 쉽게 들어갈 수 없는 업계다. 실제로 배달 일은 심각한 위험이 따른다. 2016년부터 2018년까지 3년간 청년 산재 사망 1위는 배달업인데, 총 27명이 사망했다. 이 중 첫날 사망한 노동자는 3명, 이튿날 사망한 노동자는 3명, 15일 이내 사망한 노동자가 6명으로, 사망 노동자 중 절반 정도가 일을 시작하자마자 죽었다. 준비 없이 시작했다간 목숨을 잃을 수 있는 직업인 것이다. 이 숫자의 이면에는 무법천지인 배달산업이 있다. 배달대행업은 자유업이라 개인사업자를 내지 않고도 할 수 있다. 산재가 뭔지도 모르는 사장들이 사람 목숨을 다루는 배달업계에 즐비하다. 이런 사장 밑에서 핸드폰에 프로그램 하나 깔고 일을 시작하니 사고가 날 수밖에 없다. 오토바이 시동을 켤 줄도, 세울 줄도 모르는 사람이 배달 일을 하겠다고 들어오는 실정이다.

기업들은 코로나발 경제위기를 노동자들의 구조조정으로 돌파하려고 한다. 비정규직 노동자들부터 무급휴직으로 돌렸다. 코로나19가 장기화되자, 다음 단계인 해고를 단행했는데 하청 비정규직 노동자, 아르바이트 노동자 등이 추풍낙엽처럼 떨어져나갔다. 노동자들은 그나마 실업급여라도 받을 수 있으나, 일감을 받아 일을 하는 특수고용노동자들이나 경기의 영향을 많이 받는 자영업자들은 근로기준법상의 근로자가 아니기 때문에 노동법이나 사회보험의 보호도 받지 못한다. 재취업이나 창업을 할 기회도 없는 상황에서 이들 실업자들이 플랫폼 노동시장으로 대거 이동할 것으로 예상된다. 한정된 일감을 나눠 먹기 때문에 개별 라이더의 수익은 오히려 줄어들 가능성이 높다. 배달업뿐만 아니라 비대면 노동이 늘어나면서 이번 기회에 회사로 출근시키지 않아도 일을 시킬 수 있는 외주 노동, 플랫폼 노동이 늘어날 것으로 보인다. 콜센터 노동자들은 재택근무를 위해 기존에 깔았던 인터넷망 대신 초고속 인터넷망을 다시 설치하고, 일에 적합한 의자와 헤드셋을 검색한다. 생산도구를 스스로 책임져야 하는 플랫폼 노동자들이 늘어나고 있는 것이다.

## 코로나19의 대안이 플랫폼?

코로나19가 만들어낸 비대면 시대에 오프라인 만남을 온라인을 통해 구현해주는 플랫폼 산업이 성장하고 있다. 플랫폼 산업은 코로나19가 일깨워준 지구의 위기를 해결해줄 구원자를 자처하기도 했다. 굴뚝 없는 공장, 환경 친화적인 공유경제가 초기 플랫폼 산업의 리더들이 주창한 모델이다. 그들은 집, 차량, 재능 등 남는 자원을 공공의 이익을 위해 활용하고 적재적소에 배치시키는 공유경제가 생태적이라고 주장한다. 에어비앤비, 우버 등이 대표적 플랫폼 기업이다. 사람들은 차도 집도 새로 구입할 필요가 없기 때문에 환경을 보호할 수 있다. 그러나 실제로 무슨 일이 벌어졌을까? 잠자고 있던 차량들이 깨어나면서 기름을 먹고 매연을 뿜기 시작했다. 사람들은 창고에 박아둔 차량을 타인에게 대여해주는 것을 넘어서 공유경제 플랫폼에서 일하기 위해 새롭게 차량을 구입했다. 배달 중 교차로 신호에서 대기하고 있으면, '타다' 택시와 배달 대행 오토바이, 전기자전거, 전동 킥보드, 룸미러가 보이지 않을 만큼 택배 상자를 가득 실은 쿠팡 플렉스 차량이 도로를 점령하고 있다. 차량뿐만 아니다. 에어비앤비의 호스트들은 자신의 집을 타인에게 높은 가격에 대여하기 위해 인테리어 공사를 벌이고, 더 많은 집을 사들인다. 고급 빌딩의 건물에는 에어비앤비 영업을 금지한다는 공지가 화재를 비롯한 각종 안전을 보장할 수 없다는 경고와 함께 붙어 있다. 플랫폼은 자원을 절약하는 게 아니라 이윤창출을 위해 모든 자원을 끌어다 쓴다. 인간의 영혼까지 끌어다 쓴다는 '영끌'이라는 말의 절박함은 플랫폼 앞에서 한낱 귀여운 단어일 뿐이다. 플랫폼에게 영혼 따위 없지만, 서버만 있다면 무엇이든 축적이 가능하다. 이 서버를 돌리고 유지하기 위해 엄청난 이산화탄소가 발생한다.

실시간 영상 스트리밍 서비스인 넷플릭스, 그리고 클라우드와 이메일, 검색 서비스를 제공하는 구글과 같은 기업의 데이터를 저장하고 운영하기 위해서는 서버와 저장 장치를 갖춘 데이터 센터가 필수적이다. 여기서 엄청난 전기를 사용하고 열이 발생한다. 이 기계들은 열에 민감하기 때문에 이 열을 식히기 위해 또 엄청난 양의 전기가 사용된다. 열을 식히기 위해 데이터 센터를 북극 근처나 심지어 바닷속에 짓기도 한다. 우리가 보일러를 틀거나 쓰레기를 버리는 등의 생활을 하면서 발생시키는 탄소를 추적해 '탄소 발자국'이라 부른다. 디지털 기기를 이용할 때도 탄소가 발생한다. 메일 하나를 보낼 때 약 4그램, 구글 검색만 해도 약 0.2~7그램의 탄소가 배출된다. 이것을 디지털 탄소 발자국이라고 부른다. 플랫폼은 공장 굴뚝을 없앨지 모르지만, 전 세계 곳곳에 탄소발자국을 남긴다.

결정적으로 플랫폼 산업은 노동자들을 노동법의 울타리 밖으로 내쫓는다. 플랫폼 사업가들은 최저임금 보장이나, 노동시간 상한, 산업안전보건 관리 의무를 지키지 않아도 된다. 덕분에 디지털정보들을 저장하는 것처럼 노동력도 무한하게 축적이 가능하다. 계약을 맺어도 최저임금이나 노동법의 기준을 지키지 않아도 되기 때문이다. 기업이 필요할 때마다 로그인된 노동력을 꺼내서 사용한다. 1초 단위로 사용하고 버려야 하는 상황에서 근로계약서를 쓰고 적법한 해고 절차를 거쳐야 하는 노동법은 군더더기일 뿐이다. 그래서 플랫폼 산업은 노동자들을 개인사업자로 사용한다. 일단 노동법의 '굴레'에서 벗어난 노동자들은 인간의 신체적 한계가 없다면 24시간 사용될 수 있다. 만약 24시간 배달을 하는 가게가 있다면, 15시간을 일하는 플랫폼 노동자와 5시간 일하는 플랫폼 노동자와 4시간 일하는 플랫폼 노동자만 있으면 된다. 15시간 노동을 하는 플랫폼 노동자를 규제할 근거가 없고 4시간 일해서 생계가 막막한 노동자의 소득을 보장할 필요도 없다. 오히려 '자유롭게' 일할 수 있는 기회를 줬다고 주장할 수 있다.

노동력에 대한 규제가 없다는 것은, 생산과 소비를 한도 없이 충족시킬 수 있다는 것을 뜻한다. 사람들은 저녁 9시에 문을 닫는 가게 앞에서 발길을 돌리지만, 문을 닫지 않는 앱에 접속하면 24시간 쇼핑할 수 있다. 음식이든, 축구화든, 컴퓨터든, 의류든, 책이든 상관없다. 심지어 아침 7시도 되기 전에 주문한 상품을 받아볼 수 있다. 노동자들의 노동시간이 자유로워지면 생산과 소비의 시간도 해방되고 이것은 끊임없는 생산과 소비의 세계를 열어젖힌다. 우리 눈에 보이지 않는 쓰레기 산들이 내 눈앞에 나타날 때까지, 내 이웃의 노동자가 내 앞에서 쓰러져 죽을 때까지 이 시스템은 멈추지 않을 것이다.

## 지구를 바꾼 코로나19

코로나19로 먹고살기가 좋아진 건지 안 좋아진 건지 모를 라이더의 이야기를 길게 했다. 이번 주말에도 배달을 하러 출근한다. 항간에는 코로나19가 지구의 백신이라고 하는데, 어떻게든 먹고살아야 하는 인간으로서 미안함과 공포를 동시에 느낀다. 특히나 매연을 뿜는 오토바이를 몰고 다니며 지구를 파괴하는 플라스틱을 가가호호 배달하는 라이더가 미세먼지가 적다며 좋아하는 것이 우습기도

하다. 인간이 야생동물의 터전을 파괴하면서 발생한 인수
공통 바이러스가 인류의 삶을 뒤흔들어놓은 후에도 우리
의 대응은 조금도 변하지 않았다. 이 거대한 재앙 속에서
인간의 삶을 유지하기 위한 배달 서비스는 지구를 더 커다
란 쓰레기 산으로 만들고 있다. 코로나19는 지구 위에서
벌어지는 노동, 생산, 소비, 그리고 이어지는 환경 파괴의
과정을 모두 드러내고 있다. 그리고 그 곁에 그동안 잘 드
러나지 않았던, 파괴적 과정의 목격자가 있다. 밑바닥에
서 이 생산과 소비의 시스템을 충실하게 수행하는 노동자
들이다.

　인간이 살기 위해 지구를 파괴하지 않아도 되는 세상을
만들기 위해서는, 노동자들이 자기 생존만을 위해 치열하
게 살지 않아도 되는 세상이 전제되어야 한다. 지금 당장
은 지구를 지키자는 것과 일자리를 지키자는 것이 양립 불
가능한 주장처럼 들린다. 그런데 코로나19는 이 문제를
당장 풀라고 강요하고 있다. 경제성장이 되지 않아도, 일
을 하지 못하더라도 인간이 살아갈 수 있는 세계를 만들라
고. 지금 시행하고 있는 재난소득과 국가의 적극적인 소득
보전, 확장적이고 공격적인 재정정책은 이러한 오래된 주
장이 이상적인 꿈이 아니라 현실의 문제를 해결할 수 있는
유효한 말처럼 들리게 한다. 지구와 노동은 여기서 만날
것이다. 우리가 만들어내는 상품과 서비스는 이미 충분하

며, 분배의 문제만이 남았을 뿐이다.

2020년 내내 맑았던 하늘이, 연말이 되자 흐려지기 시작했다. 그와 동시에 노동자들의 죽음 소식도 끊이지 않고 들려온다. 코로나19 이후의 세상이 코로나19 바이러스만 사라진 세상이 아니길 바란다.

# 거리 홈리스들이 살아낸 팬데믹 첫해

최현숙

2020년 1월 20일 첫 코로나19 확진자 발생 후 하루 한 두 명에 불과하던 확진자 증가세는, 2월 17일 오전 9시 기준 누적 30명으로 여전히 소강 상태였다. 2월 18일 31번째 확진자가 신천지 교인임이 밝혀지면서 대구를 중심으로 확진자가 급증하기 시작했고, 한국도 코로나19 팬데믹 혼돈으로 빠져들었다. 마스크 착용과 손 소독은 상식이 되었고, '거리두기'와 '집에 머무르라'는 방역지침은 계엄령을 방불케 할 정도로 엄중했지만 그만큼 시국은 흉흉했다. 그 김에 집에서 '언택트'를 즐기며 푸욱 쉴 수 있는 사람들은 그러라고 하자. 집이라는 게 대체 뭔지, 머문다는 건 또 어떻게 하는 건지, 감염 예방 이외의 생활은 어쩌라는 건지 도무지 혼란스러운 사람들이 수두룩했다. 집에 머무는 것이 해고나 소득 단절이나 죽음을 의미하는 사람들, 애초에 집이 없는 사람들, 거리두기 2미터면 당장 생존이 불가능한 사람들, '2미터' 소리에 자신의 노동과 존재가 조롱당한다고 느끼는 사람들이 있었다. 좁든 넓든 함께 머무는 게 오히려 감염경로가 되어버리는 집과 가족 문제도 있었다. 무지 혼란스러웠지만 맞고 틀리고를 떠나 방역당국은 하여튼 집에 머무르라는 엄명을 반복하던 시절이었다. 그런데 그 팬데믹 혼돈의 초기였던 2월 25일 수원의 한 노숙인자활시설에서는 이용자들 중 일부를 '집'에서 쫓아내는 사건이 벌어졌다. "방역을 위해 집에 머무르라!"라는 정부의 지침과는 정반대로, "방역을 위해 집에서 나가라!"라는 것이었다.

2020년 코로나19 관련 노숙인 인권운동 진영의 대응은 수원 노숙인자활시설에 대한 항의로 시작되었다. 시설 측 요구의 핵심은 외부로 일하러 다니는 이용자는 시설에서 나가라는 것이었는데, 이 사건은 노숙인에게 집(주거)과 일(노동)이 무엇인지, 감염병에 관계없이 공(公)이 노숙인들을 어떻게 바라보는지에 관한 상징적 사건이라 여겨진다. 노숙인자활시설은 시설의 어떠함은 별도로 치고 입소한 사람들에게는 당분간의 집이다. 시설에서 잠자며 바깥으로 일하러 나가 돈을 모아서 노숙을 '극복'하고 자활을 하라는 것이 자활시설의 목적이다. 그런데 시설 측 조처는 시설에 머무르려면 일을 그만두라는 것이고, 일을 계속하려면 시설에서 나가 노숙을 하거나 없는 돈을 털어 하루하루 잠잘 곳을 찾으라는 것이었다. 모든 것을 털리고 가장 허술한 주거와 가장 싼 일자리에 매달려 더 무너지지 않으려고 혹은 다시 붙들고 일어나보려고 하는 시설 홈리스들에게, 남은 두가지 중 무엇을 마저 포기할지 결정하라는 요구였다. 이 사건이 상징하듯 정도의 차이만 있을 뿐 2020년 내내 '집에 머무르라'는 정부의 일관된 대국민 방역지침 속에서, 거리 홈리스들은 방역을 빌미로 더 야멸차게 쫓겨나고 털리고 흩어졌다. 물론 살아 있는 한 이들은 다시 모이거나 돌아와야 한다.

5월 6일 코레일 부산·경남본부는 민원과 방역 강화를 이유로 심야시간에 부산역 대합실을 폐쇄했고, 코로나19와 상관없이 이 조치를 영구히 하겠다고 밝혔다. 팬데믹을 기회 삼아 '홈리스 퇴거'라는 오랜 염원을 날치기 자행한 셈이다. 같은 달 용산역 인근 노숙 텐트촌의 출입구가 널빤지와 철판으로 막혔다. 서울교통공사와 철도공사, 서울시와 중구청과 용산구청은 지하철과 역사 안팎 곳곳에 전에 없던 출입금지 구획선을 치고, 엉덩이 붙일 곳들에 철제 공사를 하거나 화단을 만들고, 의자를 없애거나 필요도 없는 설치물을 두어 홈리스의 접근을 차단하고 있다. 철도공사는 2011년부터 고객 편의와 철도안전법을 근거로 노숙인들이 역사 안에서 야간에 잠자는 행위를 금지하는 '강제퇴거조치'를 발표했다. 철로도 승강장도 아닌 역사 안에 사람이 머무는 것이 철도안전과 대체 무슨 상관인가? 특히 2000년 5월부터 서울종합민자(민간자본)역사 사업이 진행되면서 '잠자는 행위 금지'를 넘어 밤낮없이 수시로 홈리스들을 역사에서 쫓아내더니, 코로나19를 맞아서는 비말이 튄다며 인권활동가들과의 대화마저 제지하는 일이 늘고 있다.

"역 근처에 앉아서 쉬거나 졸기도 했는데, 다 못하게 해요. 앉지도 말고 집에 가래요. 서울시민청에 있던 사람들은 바깥으로 쫓겨났고, 탑골공원이 폐쇄됐고, 종로의 지하철역들에 노숙이 안 되니까 사람들이 원각사나 공원 주변으로 밀려났어요. 화가 나요. 자꾸만 집에 가라고 하는데, 우리는 이런 데가 집인데…" 홈리스행동 아랫마을야학 학생회장이자 인권지킴이 활동가 로즈마리(여성, 64세)의 말이다. 거리 노숙의 위험을 피해 여성 노숙인들이 일이천원을 내고 하룻밤을 쭈그려 눕던 피씨방과 만화방이 코로나19로 문을 닫았고, 형편이 나을 때 모처럼 가던 찜질방도 문을 닫거나 허름한 차림이면 출입을 금지당했으며, 야밤에 가서 잠자고 씻던 공중화장실이나 개방형 화장실들이 폐쇄되거나 단속이 강화되었다. 얼마 전 11월 6일 오전엔 서울역광장 한쪽 노숙인들이 모여 살던 터를 공무원들과 역무원들이 또 밀고 들어와 사람들을 쫓아내고 일부 살림살이를 쓸어갔다. 전부터 때론 계고장도 없이 쓰레기차와 물차를 동원해 실시하던 공무집행이 팬데믹 이후 더 심해졌다. 구역을 나눠 인권지킴이 아웃리치를 하는 활동가들은 자기 구역에 늘 계시던 분들의 거처와 안부를 다른 구역 활동가들에게 수소문하거나, 상담과 지원이 이어지던 경우 일부러 찾아다닌다. 그렇게라도 확인이 되면 다행이지만, 아예 소식이 끊긴 후에 무연고사망자 공지로 확인되기도 한다.

같은 날 저녁 서울역사 내부에는 한결 많은 관리자들이 배치되었고, 홈리스들이 잠깐 마스크를 내리고 물을 마시거나 활동가들이 제공하는 따뜻한 차를 마시는 것조차 단속해댔다. 모든 시민들에게 공공장소인 역과 공원은 노숙인들에게도 당연히 열린 공간이어야 한다. 거리를 집 삼아야 하는 사람들에게 역과 공원은 더 절실한 공공장소이자 생활공간이다. 이 공간은 단순한 역사(驛舍)가 아니라 앉아 쉬거나 쪽잠을 자고, 음식과 이야기와 술을 나누며 친구를 만나고, 할 수 있다면 한쪽에 짐도 부려놓으면서, 어디든 머물거나 떨려났다 돌아오는 사람들의 하루 일상과 한 시절의 삶과 십수년 혹은 수십년의 생애 역사(役事)와 기억이 쌓여 역사(歷史)로 이어지는 길목이자 거처다.

## 예를 들어 서울역엔 이런 역사가 있다

열여섯살 때인 1990년 울산 집을 나와 서울역 노숙을 시작한 난초(여성, 45세)에게 서울역은, 뭣도 모르던 초짜 시절 네댓살 많은 전라도 언니가 먼저 다가와 '나이도 어린 가시나'를 걱정해주며 있는 돈 다 털어 컵라면과 음료수와 담배를 사주고 밥 먹을 곳과 잠잘 곳을 알려주던 곳이다. 그 언니와 함께한 시절의 기억이 고스란히 쌓인 곳이며, 작년 동짓날 홈리스추모제 때는 먼저 죽은 언니에 대한 기억과 추모를 떨리는 목소리로 낭독한 곳이다. 쌀 한되에 이천오백원 하던 스물세살 외환위기 무렵엔, 인근 서소문 공원에서 집 나온 10대 '머스마들' 대여섯명을 만나서 거둔 곳이기도 하다. 모처럼 돈이 생기면 담배도 사 나눠주면서, IMF 실직 노숙인들에게 빌린 냄비에 냄비밥을 하고 국수도 삶아 김치 하나만으로 세상에 없는 성찬(聖餐)을 나눠 먹던 곳이다. 2011년 서울역 측이 대합실 노숙인 강제퇴거를 시작했을 때 인권단체들이 계단 아래 천막을 쳤고, 밥 냄새를 쫓아 그곳에 들어갔다가 일주일 만에 뜨거운 밥을 '노나' 먹은 곳이고, 말을 참 따뜻하게 해준 '밥쫘'와 '배고파'를 만나 강제퇴거 반대투쟁을 함께한 곳이다. '빵살이'를 해도 '병원살이'를 해도 울산 엄마 집에 내려가도,

서울역과 서울역 사람들이 그리워 서둘러 돌아오곤 했다. 요즘 그녀는 서울역과 아랫마을(남영역 인근) 중간쯤에 고시원 방을 구해 서울역으로 인권지킴이 활동을 나가거나 기자회견과 집회를 나가고, 아랫마을야학 컴퓨터반과 권리반과 만들기반을 함께하며 하루 두끼 밥도 같이 먹느라 아랫마을에 눌러 있다시피 하고, 잠이 깬 새벽이면 언제라도 역 광장으로 가서 산책도 하고 친구도 만나고 술 담배도 나누며 산다.

## 재난지원금

3월부터 지급이 시행된 지방정부와 중앙정부의 긴급재난지원금은 팬데믹 첫해인 2020년 내내 거리 홈리스들을 능멸했다. 많은 홈리스들이 신청할 엄두조차 못 내거나 받을 방법이 없어서다. 당사자들과 인권단체들의 수많은 성명과 기자회견, 집회와 민원 제기와 실태조사 발표에도 불구하고 거주불명등록, 주민등록지와 노숙지역의 불일치, 가구 분리 문제, 지불수단(카드) 문제 등 거리 홈리스가 처한 현실을 고려하지 않은 신청 및 지급 방식으로 인해 결국 '전 국민'에 거리 홈리스는 빠져 있음이 증명됐다. '전 국민 수령률 99.5% 대 서울지역 거리 홈리스 신청

률 35.8%'. 가장 가난한 사람들의 몫이 처지와 맥락을 무시한 행정편의로 인해 국고로 환수되었다. 주민증도 있고 집도 서울인 서울역 지하도의 60대 남자는 모처럼 환한 얼굴로 활동가의 설명을 듣다 말고 이내 고개를 돌리고 누웠다. 처자식 놓고 집 나온 사람이 무슨 낯으로 가족 몫의 돈을 신청하겠느냐는 거다. 서울역광장의 70대 노인은 재난지원금을 신청하려다가 오래전 여동생들에 의해 실종·사망 처리된 것을 알게 되었다. 사회 현안에 대해 날카로운 관점의 대자보를 2주마다 새로 써 당신 살림 옆에 세워 놓는 그의 얼굴은 일이주에 한번 볼 때마다 검고 홀쭉하게 허물어지고 있다. 다시 살리는 중인 신분증으로 그가 누릴 시민권은 어떤 것일까? 청계천과 을지로 사이 작은 공원 화장실에서 십년째 노숙 중이라는 50대 후반의 여성 홈리스는 재난지원금 자체를 모르고 있고, 설명을 해도 관심이 없다.

4차 추경과 2차 재난지원금 논의가 진행되던 9월 초, 홈리스 당사자들과 활동가들은 기존의 신청 및 지급 방식이 유지되는 한 거리 홈리스들은 또 배제될 것이라는 염려 속에 제도 개선을 위한 활동을 다시 펼쳤고, 여지없이 뒤통수를 맞았다. '긴급민생'이라는 4차 추경과 '맞춤형'이라는 2차 재난지원금 대상에 노숙인은 아예 없었다. '선별'에도 '전 국민'에도 '긴급'에도 '맞춤형'에도 해당되지 않는 사람들. K-방역과 재난지원금에서 조금이나마 '국가'를 느꼈다면, 그건 당신들의 국가일 뿐이다. "이게 나라냐?"라던 2017년 탄핵정국 속 촛불과 '태극기' 양측의 구호는 2020년 코로나 시국을 지나며 음울한 웅얼거림으로 광장과 지하도와 거리에서 바이러스처럼 번지고 있다.

## 일자리와 의료

코로나19로 노숙인들을 위한 민간 일자리들이 대폭 축소된 마당에 지난 5월 말 서울시는 '2020년 노숙인 공공일자리 하반기 개편안'을 만들어 노숙인 관련 일자리 기관들에 하달했다. 핵심은 서울시의 노숙인 공공일자리 보조금 지원을 축소하겠다는 것이고, 그에 맞춰 근로시간을 줄여 임금을 줄이라는 것이며, 임금 줄이기의 핵심은 그중 가장 싸고 많은 일자리인 '반일제 근로'의 근무시간을 1일 5시간에서 4시간으로 축소하고 근무일수를 월 15일 미만으로 줄여 결과적으로 월 60시간 미만 근로로 주휴수당을 회피하라는 것이고, 연차수당 대신 지급하던 월차수당을 주지 말고 강제로 유급휴가를 쓰게 하라는 것이었다. 요약하자면 근로시간은 하루 1시간 월 1일을 줄이고 월급을 64~81만원에서 48~62만원으로 대폭 삭감하는 묘책을 짜내 일자리 기관들에 하달한 것이다. 악덕 기업주들의 행태를 고스란히 빼닮은 서울시의 '홈리스 쪼개기 고용'은 참 깨알같이 악랄했는데, 당사자들과 인권단체들의 줄기차고 집중적인 항의 행동과 서울시인권위원회의 철회 권고문으로 시행 하루 전 철회된 것이 그나마 다행이었다.

8월 말 갑자기 피를 토하고 쓰러진 50대 노숙인 김모씨는 119구급차를 타고 병원 다섯군데를 돌다가 어떤 치료도 받지 못한 채 서울역으로 돌아왔다. 코로나19로 서울 홈리스들이 이용하던 9개의 공공병원 중 5개가 '감염병 전담병원'으로 지정되면서 입원 중이던 홈리스들이 강제 퇴원당했다. 9월 16일 현재 동부시립병원을 제외한 8곳의 응급실이 폐쇄됐고 외래진료도 제대로 운영되지 않고 있다. 부산역에서 노숙하던 이모씨는 부산의 노숙인지원기관을 통해 피부암을 확인했고, 9월 28일 치료를 위해 서울로 올라왔지만 어떤 의료 지원도 받지 못한 채 다시 부산으로 돌아갔다. 노숙인 암환자를 놓고 부산시와 서울시가 치료의 책임을 떠넘기는 명분은 이씨가 노숙 3개월 이상, 그리고 건강보험 미가입 혹은 6개월 이상 체납이라는 노숙인 의료급여의 요건을 온전히 갖춘 사람이 아니라는 것이다.[2]

2011년 6월 제정된 '노숙인 등 복지법'에 엄연히 급식 시설 기준이 마련돼 있지만 지난 10년간 서울시는 직접적인 책임을 회피한 채 위탁운영만 하거나 종교·구호 단체 등 민간의 자원봉사에 의존해왔다. 서울시가 건물 임대료를 내며 위탁운영 중인 서울역 근처 '따스한채움터' 역시 집단급식소 신고를 미루며 '급식장' 딱지를 붙인 채 운영 10년째를 맞았다. 현장에서 음식을 만들지 않고 민간단체가 끼니마다 돌아가며 음식을 실어와 나눠주므로 '급식소'가 아닌 '급식장'이다. 당연히 질이 떨어질 수밖에 없어 "그 집 밥은 먹고 돌아서면 배가 고프다"라는 말과 함께 사람대접이 너무 엉망이라는 평이 자자하다.

그러다 코로나19 확산으로 올해 초부터 민간단체들의 급식이 대거 중단되거나 간헐적인 빵과 주먹밥 등으로 제공되자, 말 그대로 '코로나 기근' 속에서 노숙인들은 감염보다 끼니 걱정이 더 급하게 됐다. 보건복지부는 '코로나19 유행을 맞아 민간 급식 서비스가 중단·축소되고 있으니 지자체 운영 무료 급식을 확대하라'는 지침을 의례 삼아 발표했고, 서울시는 그러려니 하며 넘어갔다. 음식의 질이 떨어지더라도 거리가 가깝고 세끼는 다 주는 '따스한 채움터'로 서울역 노숙인들이 몰릴 수밖에 없었는데, 서울시는 방역을 위해 사람을 분산해야 한다며 아침밥을 없애고 점심과 저녁 배식 시간을 늘렸다. 활동가와 서울시인권위원의 면담 자리에서 자활지원과 공무원은 두끼로 줄인 이유에 대해 "아침밥은 근처의 다른 급식소에 가면 준다. 거기도 서울시 지원이 좀 들어간다"라고 답했다. 자활지원과가 말한 근처 서울시 지원 급식소는 서대문에 있는 구세군브릿지종합지원센터다. 하루 한끼만 주는 그 구세군센터가 매일 새벽 5시부터 주는 아침밥을 먹으려면, 서울역에서 새벽 3시 전에 짐을 챙겨 새까만 길을 걸어 4시에는 길거리에 줄을 서야 한다. 지난 10월 15일 목요일 두 활동가가 전해온 탐방 보고에 따르면, 새벽 3시 30분에 줄에 합류한 여성 홈리스는 5시 23분에 급식소에 입장했고, 5시 30분에 정해진 200개의 식권이 모두 떨어져 뒷사람들은 그냥 돌아섰다. 오전 11시부터 주는 '따스한채움터' 점심이라도 먹으려면 10시에는 줄을 서야 하고, 그사이에 졸음과 추위와 허기로 꾸부려지는 몸을 어디든 뉘여야 한다.

급기야, 점심과 저녁 끼니를 위해 '따스한채움터'로라도 몰릴 수밖에 없는 노숙인들에 대한 서울시의 방침이 작금에는 '최대한 급식 제공'이 아닌 '엄격하게 분류해서 급식 인원 줄이기'로 자리 잡아가고 있다. 서울시는 '감염예방'을 빌미 삼아 9월 14일부터 '따스한채움터'에 RFID(무선인식) 형식의 '노숙인 밥증'을 발행하기 시작했다. 서울시가 축적한 노숙인 데이터를 통해 노숙 이력이 확인된 사람들에게만 이름과 사진이 박힌 카드를 발행해 밥을 주겠다는 것이다. 또 올해 말까지 시범기간을 거쳐 차후 다른 노숙인 시설들에도 이런 종류의 'RFID 노숙인증' 발급을 확대하겠단다. 발급하면서 동의를 물었으니 강제는 절대 아니란다. 효과는 명백했다. 코로나로 인해 노인 대상 급식들도 중단되자 그 집으로 오던 가난한 65세 이상 노인들과, 코로나19로 생계가 더 어려워진 기초수급자와 쪽방주민들, 주민증 없는 노숙인들과 외국인 노숙인들이 '현재 노숙 중'이라는 확인을 받지 못해 돌려보내졌고, 차림이 비교적 깔끔해 '노숙인 같지 않아 보이는' 할머니 등 여성 홈리스들이 '집에서 해 먹으라'는 비난을 들으며 돌려보내졌고, 다음부터는 오지 말라는 면박을 참으며 끼니를 채운 사람들은 더 오기가 겁나며, 차라리 굶고 말지 더럽고 치사한 '밥증'은 안 만들겠다는 노숙인들은 가지 않았다. 홈리스들과 인권활동가들의 항의로 일단 시범기간에는 '밥증' 없는 사람도 출입명부를 작성하면 밥을 주겠다는 답을 마지못해 받아내기는 했지만, 이미 홈리스 판에 "쯩 없으면 밥 못 먹는다"라는 소문이 퍼져 서울시의 급식인원 줄이기 작전은 성공 중이다.

역광장 한가운데 노숙인들을 모아 마이크에 대고 찬송이니 복음이니를 떠들어대다 종국에는 길게 줄을 세워 '안수기도'라는 걸 받는 사람에게만 먹을 것을 주는 일부 교회의 행태야 늘 있어온 것이다. 이와 유사하게 어떤 민간 급식소가 두번 먹는 일을 막겠다며 음식을 받아가는 이들의 손목에 빨간색 매직으로 표시를 벌이는 것이 면전에서 가해지는 천박하고 일회적인 낙인이라면, 서울시의 '밥증'은 밥을 빌미로 빈곤한 사람들의 생명과 삶을 두고두고 통제하겠다는 음흉하고 통합적인 '21세기형 IT 생명권력의 폭력'이다. 서울시가 '따스한채움터 회원증'이라고 명명한 '밥증'에 대해 자활지원과장은 코로나 예방을 위한 방문기록 용도일 뿐이어서 시민들이 밥 사 먹으러 식당 갈 때 쓰는 방문기록과 똑같다는 알량한 설명을 했다. 하지만 '노숙인 밥증'은 단지 코로나 예방 차원을 넘어 노숙이력의 반영구적 축적이다. 밥증을 발급받을 자격 여부를 이미 서울시가 축적한 노숙인 관련 복지정보시스템을 통해 조회하고, 발급 후에도 RFID를 통해 밥 받아먹은 기록이 계속 축적된다.

게다가 이렇게 누적된 정보는 행정상 필요에 의해 언제라도 복지의 이면인 배제를 위한 분류에 악용된다. 지난

7월 30일 행정안전부는 '코로나19 극복 희망일자리사업' 중 아동·청소년 관련 사업에서 노숙인을 배제했다. 애초 발표한 사업 내용 중 학교생활지원 일자리에 노숙인이 포함되자 일부 언론이 비판했고, 이에 행정안전부는 아동·청소년을 만나는 일자리에서 배제할 이들로 기존의 갱생보호대상자, 출소자, 아동학대 관련 범죄자에 이어 노숙인도 추가해 수정·발표했으며, 배제를 위한 '간단한' 분류를 위해 면접과 복지 정보 시스템 조회를 하겠다고 첨언했다. 노숙인은 '노숙인복지법'상 주거가 없거나 주거로서의 적절성이 현저히 낮은 곳에서 사는 사람일 뿐이다. 중앙정부와 서울시의 이러한 공모는 독재정권 시절 집 없는 사람들을 '건전한 사회 및 도시질서를 해하는 부랑인'으로 규정해 형제복지원 등으로 쓸어갔던 내무부 훈령 제410호의 문민정권판이다.[4] 행정안전부는 홈리스에 대한 낙인과 편견의 제도화이자 빈곤의 형벌화를 위한 신속한 검색에 의료와 주거 등 노숙인 복지를 이용한 기록들을 악용하고 있고, 서울시는 코로나19 속 노숙인 기근 시절을 기회로 배곯는 사람들 앞에 밥을 들이밀며 신원과 이력을 축적하는 비열한 생명권력의 선두에 나선 것이다.

4월 28일 UN 주거권 특보는 「코로나19 지침: 홈리스 보호」를 발표했다. 전 세계의 코로나19 대책이 "집이 있다는 가정에서 제시되지만, 홈리스는 그렇지 않다"라며 "전염병 상황에서 적절한 주택에 접근하지 못하는 것은 잠재적인 사형선고"와 같기에 각 국가가 홈리스의 주거 문제 해결에 나서라고 촉구한 것이다. 모든 거리 홈리스들에게 즉시 숙소를 제공하고 대유행이 끝나도 홈리스 상태로 돌아가지 않도록 할 것, 이를 위해 호텔 또는 모텔의 객실을 확보하거나 사용하지 않는 군대 생활관이나 빈 건물을 개조해 공급하라고 요구했다. 특히 코로나19로 인해 "통행금지 또는 봉쇄조치를 시행할 때 범죄자 취급하거나 벌금 또는 처벌을 받지 않도록 하고, 개인 물건 또는 거리 청소에 대한 불안감을 포함하여 홈리스의 소외를 증가시키는 법집행 관행을 종료할" 것을 명시했다. 더불어 "홈리스의 야영지 강제퇴거 또는 철거를 중단하고 일부 야영지가 쉼터와 같은 다른 이용 가능한 숙소보다 더 안전할 수 있음을 인식할" 것을 요구했다. 대한민국의 중앙정부와 지방정부는 UN의 코로나19 지침을 조목조목 거꾸로 집행하고 있는 것이다.

서울역 맞은편 남대문경찰서 바로 뒤 양동 쪽방촌은 그

동안 미뤄져온 재개발이 코로나19 속 집회금지 조치로 주민들과 인권단체들의 항의가 수그러진 틈을 기회로 암암리에 진행되고 있다. 버리고 버렸지만 길거리 생존을 위해 불가피하게 남긴 노숙인들의 살림과 잠자리와 음식이 담긴 봉지를 쓰레기차와 물차를 동원해 싹쓸이 '청소'하고 있다. 이에 대해 용산역의 한 여성 노숙인이 '홈리스뉴스'에 기고한 글 전문을 싣는다.[5]

의자 옆에 있는 개인 소유 물건. 그것이 여행 가방이든, 헝겊 가방이든, 비닐 가방이든 그 어떤 것이든 그것을 지닌 사람의 것이다. 내가 겪은 공무원 기차역 근무자들의 의식이 없는 모든 행위는 겪는 사람의 인격 모독일 뿐만 아니라 국가 공무원 모두에게 좋지 않은 매김을 주게 하여 서로에게 아주 나쁜 일이 일어날 수도 있다.

공무수행이라는 이름으로 의도하는 대로 저지르는 악행에는 용서가 없다. 너희는 겉차림새대로, 너희들의 머릿속에 짜여 있는 잣대대로 값어치를 매겨 모든 것들을 대접하고 있다. 우리가 가지고 있는 모든 것들은 너희들의 집에 있는 사는 데 있어야 하는 것과 같은 것들이다. 먹는 것까지도 쓰레기라 하는 너희 공무원들은 쓰레기를 지지고 볶고 먹느냐. 쓰레기 버리라고 남의 살림살이에 대고 말하는 너희 집문서부터 쓰레기통에 던지거라.[6]

## 그리고 죽음 혹은 반격

10월 29일 홈리스행동이 장례를 치러드린 이영환님은 용산역 노숙인이었다. 홈리스행동의 부고 중 '만66세' '스스로 안타까운 선택'이라는 문구를 읽으며, 외람되지만 '오래 사셨구나…'라는 생각에 이어 '죽고 싶으셨겠다…'라는 생각마저 들었다. 지난 7월 홈리스행동이 연이어 보내드린 이주현님은 서른하나였고, 멍치님은 50대였고, 서울역 13번 출구에서 휠체어에 탄 채 노숙하던 김한수님은 67세로 드물게 오래 살았다. 길거리에선 50대, 40대, 30대의 죽음이 흔하다. 지난 1년 사이 코로나19에 감염돼 노숙인이 사망했다는 국내 뉴스는 없지만, 코로나19로 더 거세게 밀어닥친 빈곤과 허기와 더위와 떨려남 속에서 전보다 훨씬 많은 홈리스들이 죽음에 이르거나 죽음을 집어들었을 거다. 고령사회 속 평균연령의 증가니 요양원이 아닌 마을과 집에서 살다 죽기니 따위의 말들은 홈리스들에겐 '당신들의 나라' 이야기다.

거리 홈리스들이 다른 가난한 계층과 다른 점은, 신자유주의와 가부장적 가족주의의 가장 끝자리 혹은 그 바깥의 사람들이어서 노동시장과 가족으로 돌아갈 처지도 아니고 욕구도 없는 이들이 대부분이라는 점이다. 국가와 자본과 시민에 의한 낙인과 혐오는, 거리 홈리스들에게 모멸과 수치뿐 아니라 분노와 저항도 쌓아가게 한다. 기대도 희망도 다 끝나고 절망이어서 오히려 하염없이 버티는 사람들에게, 죽음은 한편 유일한 다행이다. 물러설 곳 없는 자들이야말로 그래서 반격이 가능하다. 이제 겨우 1년이 되어가는 코로나19 팬데믹이 얼마나 길게 이어질지, 어떤 변화와 혼란을 더 불러올지 아무도 모른다. 확실한 것 한가지는 팬데믹이 길어질수록 거리에 더 많은 홈리스들이 쏟아질 것이라는 점이다. 함께 살지 혼란을 자초할지, 그 나라 시민과 정부에 아직은 선택권이 있다.

* 이 글은 계간 『창작과비평』 통권 188호(2020년 여름)에 실렸던 글을 소폭 수정한 것이다.

# '시설사회'와 코로나19, 그리고 장애인

김도현

2020년 한해, 우리는 코로나19 팬데믹으로 인하여 미증유의 삶의 양상을, 그리고 크나큰 피해와 고통을 경험해야했고 여전히 경험하고 있다. 이러한 피해와 고통은 물론 전 세계적이고 전 국민적인 것이지만, 많은 이들이 지적하고 확인했듯 결코 균질하지 않았다. 우리 사회의 소수자들과 힘없고 가난한 이들일수록 더 많은 위험과 삶의 위기를 겪어야 했으며, 그런 이들 가운데 또한 장애인이 있었다. 코로나19 사태는 분명 일상적이지 않은 국면이지만, 그것이 드러낸 위험과 위기는 완전히 '새로운'(new) 것이 아니라 우리의 '통상적인'(normal) 삶 속에 이미 내재해 있던 것이기 때문이다. 따라서 우리는 섣불리 '뉴 노멀'을 이야기하기보다, 오히려 '통상/정상적'이라고 간주되었던 우리

삶의 질서와 일상에 깃들어 있던 차별과 배제를 성찰하는 것에서 시작해야 한다.

대한민국은 장애를 지닌 이들의 생명/삶을 지역사회로부터 격리하는 시설이 전국 곳곳에 존재하고, 그곳에 여전히 10만여명의 장애인이 수용되어 있는 사회다. 장애인 거주시설에 3만여명, 정신의료기관에 6만 6,500여명, 정신요양시설에 9,200여명이 격리 수용되어 있다. 이런 시설은 분명 예외적이고 특별한 장소이지만 결코 사회와 무관한 곳이 아니다. 그 사회와 동전의 앞뒷면 혹은 거울상의 관계에 있는 공간이다. 미셸 푸코가 '헤테로토피아'(hétérotopies)라고 불렀던 곳, 마치 좌우를 바꿔 보여주는 거울처럼 사회의 여러 공간과 배치를 비춰주면서 동시에 뒤집혀 있는 공간.[1] 또다른 방식으로 말하자면, 시설은 지역사회와 완전히 단절된 외부라기보다는 그 지역사회와 연속체를 이루고 있는 스펙트럼상의 일부이며, 따라서 장애인들은 시설이 아닌 곳에서도 '시설 같은' 삶을 살아갈 수 있다. 시설이 존재하는 사회는 그 사회 자체가 이미 하나의 '시설사회'이므로.[2]

푸코는 근대 이전의 군주가 지닌 고전적 주권이 "죽게 만들고 살게 내버려두는" 권력이었다면, 근대 국가가 인민에게 행사하는 생사여탈권은 반대로 "살게 만들고 죽게 내버려두는" 권력으로 그 성격이 변모해왔다고 말하면서 이를 생명권력(biopower)이라 지칭했다.[3] 즉 생명권력은 기본적으로 생명[生]을 지키는[衛] '위생 권력'이지만, 인구 전체의 생명력 증진을 위해 누군가를 '죽게 내버려두는' 방식으로 작동한다. 예컨대 코로나19 확진자가 증가하자 미국 앨라배마주는 인공호흡기 지원 시 중증장애인과 인지적 장애인을 후순위로 할 수 있다는 지침을 발표했고, 이탈리아의 의료 지침 역시 단기간에 치료 가능한 젊고 건강한 환자를 우선순위에 두고 나이와 장애를 고려해 의료 자원을 할당할 것을 주문했다.[4] 코로나19 사태는 이처럼 생명권력이 작동되는 양상을 적나라하게 드러냈으며, 소위 K-방역을 선전하는 우리나라 또한 근본적으로 결코 다르지 않았다.

아래에서는 이러한 시설사회 및 생명권력이라는 개념을 렌즈 삼아, 우리 사회의 장애인들이 겪어왔던 차별과 폭력이 코로나19 국면에서 어떻게 더욱 가시화되는 동시에 다시 가려졌는지를 얘기해보고자 한다.


'K-방역'과 메르스 사태의 교훈?


코로나19의 국내 확산이 막 시작되던 2020년 1월 말, 내가 교사로 활동하고 있는 노들장애인야학 부근 M교회에서도 확진자가 나왔다. 그런데 탈시설 후 종로구의 자립생활주택에 거주하고 있던 노들야학 학생이 그 교회에서 예배를 봤고 동선이 정확히 겹쳤다. 그녀의 자립생활을 지원하고 있던 활동가들은 바짝 긴장했다. 당장 활동지원 서비스에 문제가 생겼고, 자립생활주택에서 공동으로 거주하고 있는 다른 장애인들의 안전도 위태로워질 수 있었기 때문이다. 보건소와 서울시 등 여러 공공기관에 수소문했지만 돌아온 답변은 일단 그냥 대기하라는 말뿐이었다. 활동가들이 자체적으로 자가격리를 지원하며 2주일을 버텼고 다행히 음성 판정을 받았지만, 우리는 안도보다 분노의 감정을 느낄 수밖에 없었다.

대한민국 정부는 코로나19 팬데믹 상황에서 우리나라가 다른 국가들보다 훨씬 더 훌륭한 방역 시스템을 작동시켰다며 'K-방역'이라는 용어를 공식적으로 사용했고, 그러한 K-방역의 기반으로 꼽혔던 것 중 하나가 2015년 메르스(중동호흡기증후군) 사태의 경험이었다. 그때도 장애인에 대해서는 아무런 정부 지침과 매뉴얼이 없었고, 자가격리 대상자가 된 장애인들은 활동지원 서비스를 제공받지 못해 큰 고통을 겪었다. 정부에 대책과 지침 마련을 요구했지만 묵묵부답이었다.

결국 장애인차별금지추진연대는 2016년 10월 국가를 상대로 장애인에 대한 '감염병 위기관리 표준매뉴얼 작성 및 운영' 등을 요구하며 소송을 냈다. 정당한 요구였으므로 법원은 지침과 매뉴얼을 마련하라는 강제조정 결정을 내렸지만 정부는 이의신청서를 제출하며 이를 거부했다. 그렇게 재판을 끌며 무대책으로 일관하다가 코로나19 사태가 터졌고, 장애인들은 5년 전과 똑같은 혼란과 고통을 고스란히 경험할 수밖에 없었다. 할 수 있고, 해야 하는 것을 하지 않음으로써 발휘되는 폭력과 배제의 권력, 그 권력이 너무나 선명하게 드러나던 사례. 그러니 다시 묻고 싶다. 그들에게 장애를 가진 국민은 도대체 어떤 존재였는가?

## 그곳에 국가는 없었다

모두가 알다시피 2월 하순으로 접어들면서 대구·경북 지역을 중심으로 코로나19 환자가 급증했고, 시민들의 일상은 거의 완전히 멈춰 섰다. 그리고 그곳의 장애인들은 사실상 국가 부재의 상태를 경험하게 된다. 확진자가 늘어나면서 자가격리 대상이 된 장애인에게 정부가 내놓은 지침은 크게 두가지였다. 첫번째는 지방자치단체별로 마련한 임시 격리시설이 있으니, 장애인은 일차적으로 그 격리시설로 가라는 것. 두번째는 하루 8시간으로 제한되어 있던 활동지원사들의 노동시간을 24시간까지 확대하겠다는 것과 기존에는 금지되었던 가족에 의한 활동지원을 한시적으로 허용하겠다는 것. 그러나 이와 같은 지침은 현실과 너무나 동떨어진 것이어서 전혀 작동하지 않았다.

우선 지자체 차원에서 마련한 격리시설이나 경증 확진자를 위한 생활치료센터는 장애인을 위한 기본적 편의시설조차 없는 곳이 태반이어서 입소가 불가능했다. 활동지원은 자가격리 기간 동안 24시간 이용이 가능하다고 했지만 그 비용의 부담 주체가 명시되지 않았고, 방호복이나 추가 수당 같은 세부 지침도 없었으므로 활동지원사가 제대로 구해지지도 않았다. 정부의 대책이 담긴 문서는 공적 문서라는 의미에서의 '공문(公文)'이 아니라 텅 빈 문서라는 의미에서의 '공문(空文)'에 불과했다.

결국 장애인이 자가격리에 들어간 경우 이에 대한 활동지원은 대부분 자립생활센터 활동가나 지인들을 통해 이루어졌고, 대구에서는 지역에서 오랫동안 활동해온 민간 장애인 단체 몇곳이 사실상의 본부가 되어 장애인에 대한 지원을 총괄하게 되었다. 장애인권운동 네트워크를 통해 외부 지역에서 마스크와 소독제를 확보하고, 일종의 순회 방문 서비스를 제공하고, 긴급한 문제가 생기면 지원 인력을 투입했다. 민관협력이 아니라 관의 무능력으로 인해 민이 책임을 떠안게 된 것이다. 재난 속에서 국가는 사실상 장애인을 방치했다.

## '코호트 격리'라는 형용모순과 두번의 죽음

코로나19 사태를 거치며 우리나라 국민 모두는 '코호트 격리'라는 조금은 낯선 용어를 새롭게 알게 되었다. 처음 들었을 때, 나는 이 말이 뭔가 좀 이상하다고 생각했다. 적어도 그 대상이 되는 어떤 사람들에 대해선 말이다. 코호트는 공통적인 특성이나 경험을 지닌 인구 집단을 말하고, 격리는 지역사회로부터 차단됨을 의미한다. 그렇다면 짧게는 몇년에서 길게는 수십년까지 지역사회와 단절된 삶을 강제당했던 정신장애인과 중증장애인들은 사실 '이미' 코호트 격리 상태에 있었던 셈이다. 이미 격리되어 있던 이들을 동일한 장소에서 다시 격리한다는 건, 마치 '두번 죽인다'는 말처럼 한편으로는 모순되게, 또 한편으로는 무참하게 들렸다. 첫 코호트 격리는 모두가 알다시피 청도대남병원의 정신병동에서 이루어졌고, 그런 조치 속에서 7명의 사망자가 발생했다. 그들은 실제로 사회적 존재로서 한번 죽임을 당하고, 다시 생물학적 존재로서 두번 죽임을 당했다. 그러고서야 그 격리에서 해제될 수 있었다.

3월 들어서도 코로나19 확진자의 증가세가 진정될 기미를 보이지 않자, 경기도, 대구시, 경상북도 등에서는 사회복지시설에 대한 소위 '예방적 코호트 격리'를 실시했다. 이런 조치가 합당하고 실효성이 있는지에 대해서는 제대로 논의되지 않은 채. 비판적 입장을 공식적으로 표명한 단체들도 있었는데, 그중 한곳이 한국사회복지사협회였다. 협회는 3월 10일 「사회복지시설의 예방적 코호트 지정, 전국적 확대를 반대한다」는 입장문을 발표했다.[5] 지자체 홈페이지의 민원 게시판과 사회복지사들의 인터넷 커뮤니티에는 '비좁은 공간에 뒤엉켜 쪽잠을 자고' '집에도 못 가고' '제시간에 씻지도 못하고' '똑같은 밥을 먹고' 등의 내용으로 원성과 호소가 이어졌다. 길지는 않지만 8개월의 감옥살이를 해본 나는 그들의 고통을 어느 정도 이해할 수도 있을 것 같았다. 그러나 그건 또한 시설에 수용된 장애인들이 '이미' 경험해왔던 삶이기도 했다.

2020년 4월 유엔인권최고대표사무소(OHCHR)는 코로나19 팬데믹 기간 동안 장애인의 권리 보장을 위한 지침을 발표했다. 이 지침의 핵심적인 내용 중 하나가 시설 거주 장애인에 대한 퇴소권 보장 및 시설 폐쇄와 탈시설 전략 강화였다.[6] 그러나 시설에서의 집단감염이 문제가 되자, 보건복지부는 황당하게도 기존 시설을 1인 1실 형태로 리모델링하겠다며 수요 조사를 실시했다. 장애인 단체들의 강력한 반발 속에 유야무야되기는 했지만, 장애인들이 겪어온 고통과 위기의 근원을 지속시키고자 하는 강력한 무의식적 의지가 발현된 또 하나의 희비극적 사태라 아니할 수 없었다.


## 코로나 블루를 넘어선 '코로나 블랙'

상반기 코로나19의 전국적 확산이 잦아들면서 시민들의 일상도 어느 정도 회복되는 듯했다. 그러나 많은 이들이 찬바람이 불면 다시 2차 대유행이 올 수 있다고 예상했고, 이 예상은 불행히도 빗나가지 않았다. 8월 중순부터 수도권을 중심으로 확진자가 크게 늘기 시작했고, 결국 사회적 거리두기 2.5단계가 발령되었으며, 학교, 지역사회 복지시설, 공공기관들은 다시 문을 닫아걸었다. 상반기에 사상 초유의 개학 연기 사태와 더불어 시작된 비대면 온라인 교육과 재택근무는 하반기에도 이어졌다. 이처럼 코로나19의 장기화에 따라 사회적·경제적 활동과 대인관계가 줄어들면서 많은 이들이 스트레스, 우울, 불안, 무기력을 경험하게 되었고, '코로나 블루'(Corona Blue)라는 신조어까지 만들어졌다.

무차별적인 사회적 거리두기로 인해 우울과 무기력함을 넘어 삶의 붕괴와 마주한 이들 또한 적지 않았는데, 그 대표적인 집단 가운데 하나가 발달장애인과 그 가족이다. 발달장애인은 정신장애인과 더불어 시설 수용 중심 장애인정책의 한가운데에 놓여 있는 이들이다. 발달장애인이 전체 장애 인구에서 차지하는 비율은 9% 정도이지만, 장애인 거주시설 수용 인원의 80%를 차지하고 있다. 이런 시스템 속에서 활동지원 서비스로 대표되는 개별(personal) 서비스의 급여량은 발달장애인에게 절대적으로 불리하게 설계되어 있었고, 그들은 장애인복지관, 주간보호시설, 주간활동서비스기관 같은 집단(collective) 서비스 제공 기관에 많은 부분을 의존했다. 그런데 이 모든 기관들이 일시에 문을 닫았다. 심지어 학교까지도. 그러자 이들에 대한 돌봄과 일상 지원의 몫은 고스란히 그 가족에게 전가되었고, 내일의 삶을 이어갈 가능성과 희망을 상실한 채 암흑 속에 내던져지는 '코로나 블랙'(Corona Black)[7]을 경험하게 된다.

이것은 단지 비유나 어떤 수사가 아니었다. 2020년 6월 광주에서는 24세 발달장애인 아들을 홀로 돌보던 어머니가 자녀를 살해하고 자신의 목숨도 끊었다. 그에 앞서 3월 제주도에서도 거의 유사한 형태의 참사가 있었다. 8월 중순부터 9월 초순까지 두달 사이 서울에서만 발달장애인 3명이 추락사했다. 그러나 이러한 참사는 코로나19 사태라는 특정 국면에서만 발생했던 일이 아니다. 소위 '사회적 거리두기' 이전부터 일상적 삶의 공간으로부터 배제당하고 거리두기를 강요당했던 이들, 그들의 삶은 이미 사회

적 고립이라는 일상적 위기 상태에 놓여 있었고 그 위기가
이번 국면에서 더욱 심화되어 비극적으로 표출되었을 뿐
이다.


## 어떤 힘이 이들의 고통을 다시 가리고 있는가


그렇다면 이들의 고통은 왜 '우리' 사회 속에서 함께 공
유되지 못한 채 방치되는가? 무엇이 혹은 어떤 힘이 그 고
통을 다시 가리고 있는가? 그건 시설을 중심으로 코로나
19가 확산되던 상황에서 "사회를 보호해야 한다"는 명분
아래 그 시설의 리모델링을 획책했던 권력이다. 6월 광주
에서의 참사 직후 발표된 3차 추경안에서, 발달장애인 지
원 예산은 30%나 삭감한 반면 시설 예산만을 기존 안보다
증액해 제출했던 권력이다. 2021년에도 이어질 코로나19
비상사태에 대응하는 예산 편성이 필요하다는 이유로, 대
구와 서울 등에서 장애 관련 예산을 대폭 삭감하려 시도했
던 권력이다. 그건 또한 "'규제프리존' '규제샌드박스' '원
격의료' '영리 유전자 검사' '데이터3법' 등 보수 정권 때도
감히 하지 못했던 의료영리화 정책의 전도사 역할을 자처
하고" 있는 바로 그 권력이기도 하다.[8] 코로나19 상황에서
가장 많은 고통과 피해에 노출되고 있는 이들을 코로나19

대책과 예산을 마련하는 과정에서 다시 한번 밀어내는 권력, 국민경제라는 미명 아래 사람이 아닌 이윤 추구에 영혼을 바치는 권력. 생명권력은 어디 먼 곳이나 책 속에 있는 것이 아니라 바로 이렇게 우리 옆에서 작동하고 있다.

장애인시설이든 정신요양시설이든 노인요양시설이든, 이 같은 시설들은 기본적으로 생산성이 떨어진다고 간주된 이들을 적은 비용으로 관리하고 통제하기 위해 만들어진 시스템이다. 서울대학교 의과대학 김윤 교수는 한 주간지와의 대담에서 이런 시설들이 광범위하게 존재하는 것은 "감염 측면에선 잠재된 화약고가 전국에 수만곳 있는" 것이나 다름없다고 말한 바 있다. 집단 수용시설이 있는 한 감염병은 이를 중심으로 더욱 확산될 수밖에 없다는 것이다.[9] 그리고 그 피해 또한 일차적으로는 시설에 수용된 이들에게 집중된다. 유엔인권최고대표사무소 자료에 따르면 각 국가들의 코로나19 감염 전체 사망자 중 정신질환·장애·노인 관련 시설 수용자들이 42~57%를 차지하고 있다.[10] 국제장기돌봄정책네트워크(International Long Term Care Policy Network)가 발표한 「케어홈 코로나19 관련 사망률」에서도 전 세계 21개국 코로나19 사망자 중 집단 시설 거주자가 46%를 차지하는 것으로 나타났다.[11]

이처럼 코로나19로 인한 인명 피해가 시설에 집중되고 있기 때문에, 시설 수용 정책의 중심 대상인 장애인의 피해 정도 역시 상상을 초월한다. 영국의 경우 2020년 3월부터 7월 중순까지의 사망자 4만 6,314명 중 장애인이 2만 7,534명으로 59.5%를 차지했다.[12] 영국 인구 중 장애인의 비율이 15% 정도임을 감안하면, 장애인의 사망률은 비장애인의 약 8.4배에 이른다. 우리나라 역시 크게 다르지 않다. 2020년 12월 9일 기준 코로나19로 인한 사망자 556명 중 장애인이 117명으로 21%를 차지했다. 대한민국 인구 중 장애인의 비율이 5% 정도임을 감안하면 장애인의 사망률이 비장애인의 약 5배에 달하는 것이다.[13]

그렇다면 우리는 이런 조건을 변화시키기 위해 무엇을 해야 하는가? 역설적으로 들릴 수 있겠지만, 어쩌면 시설은 싸움의 일차적이고 직접적인 대상이 아닐지 모른다. 특수교육이 바뀌기 위해서는 특수학교가 변해야 하는 것이 아니라 일반학교가 변하면서 (장애인만을 위한) 특수학교 자체가 사라져야 하는 것처럼, 우리가 초점을 맞추어야 하는 것은 시설을 필요로 하고 시설을 산출하는 지역사회 혹은 시설사회 자체다. 그리고 그런 싸움은 또한 장애인을 위한 더 나은 정책을 만들어내는 것을 넘어, 이 시대와 사회가 정상적이라고 간주해온 삶의 양식을 전환하려는 총체적인 고민과 기획이 정치와 결합될 때에만 충분히 활성화될 수 있을 것이다.

# 가치에 대해
## 질문할 권리

이길보라

혼인신고를 했다. 국제결혼이라 일본에 신고하고 우편으로 서류를 받아 한국에 신고하는 절차가 한달이나 걸렸고 이후 비자를 받아 출국하기까지 한달이 더 걸렸다. 7개월 만에 파트너를 겨우 만났다. 팬데믹으로 국경이 닫힌 2020년, 하필이면 왜 지금 일본에 가느냐고, 왜 이런 시기에 혼인신고를 하느냐는 질문이 쏟아졌다. 나는 역으로 되묻고 싶었다. 역병의 시대에 우선시되는 가치란 무엇일까. 한국 사회가 절대가치라고 믿는 방역 뒤에 가려진 건 무엇인가.

# 팬데믹 귀국길

바야흐로 2020년 3월, 석사 유학차 떠났던 네덜란드에서의 생활을 정리하고 일본 국적의 파트너와 한국을 경유해 일본으로 이사하던 때였다. 마음이 참, 복잡했다. 엄청났던 2년 반의 네덜란드 생활이었다. 예술가로서 지속 가능성을 찾아 떠난 나의 유학 생활에 합류하겠다며 일본에서의 직장 생활을 정리하고 날아온 그는 네덜란드에서의 날들을 잘 버티지 못했다. 우울해했고 무력해했다. 하고 싶은 것이 명확하지 않았던 데다 네트워크도 돈도 없었다. 타지에서 외국인 유학생과 외국인 프리랜서로 살아가는 일은 의지가 되기도 했지만 불안도 더했다. 졸업 후 길고 긴 겨울을 보내던 어느 날 결심했다. 그래, 돌아가자. 네덜란드에서 나의 경험치를 쌓았다면 이번에는 파트너의 경력을 쌓을 수 있는 곳으로 가자. 어차피 글 쓰고 영화 만드는 나는 왔다 갔다 하며 작업하면 되니까. 그래도 졸업 후 아무것도 해보지 못하고 돌아가는 것이 어쩐지 진 것 같은 기분이 든다며 우울해하던 내게 친구 하나가 말했다. 끝난게 아니라고. 가서 영화도 개봉하고 책도 내고 하고 싶은 것 다 하고 나서 몇년 후에 다시 돌아와도 된다고. 그게 뭐 어떠냐고. 맞아, 이곳에서 2년 반 살았던 것처럼 일본에서도 그렇게, 한국에서도 그렇게, 어디든 그렇게 살면 되지.

마음이 한결 편해졌다. 중요한 건 어디에 있느냐가 아니라 무얼 하는지라고, 우리는 시공간을 넘어 연결되고 연대할 수 있다는 말에 고개를 끄덕였다.

최종 목적지는 그의 고향, 일본 후쿠오카였다. 그는 2~3주 정도 한국에 머문 후 일본으로 향할 예정이었고 나는 두어달 정도 한국에서 일을 하다 합류할 계획이었다. 어쩌다보니 귀국하는 항공편이 서로 달라 그가 먼저 탑승해야 했다. 게이트에 도착하니 속보가 떴다. 일본 정부가 한국과 중국에서 오는 이들에 대해 입국제한을 한다는 소식이었다. 중국을 시작으로 한 코로나19가 한국에 급속히 퍼질 때였다. 헤드라인 외에 자세한 내용은 없었다. 비행기 탑승 10분 전이었다. 뭐야, 언제부터? 그럼 인천으로 향하는 우리는 어떡해? 급하게 한국과 일본의 뉴스를 검색했다. 언론사마다 내용은 조금씩 달랐지만 각 부처와의 회의 후 상세한 내용이 발표될 것이며 강력한 입국제한을 실시한다는 내용이었다. 외국인뿐 아니라 내국인에게도 적용되는 조항이었다. 다급했다. 이 조처가 당장 적용된다면 인천을 경유하는 파트너는 일본에 입국할 수 없을 터였다. 항공편을 취소하고 일본 직항 비행기를 타야 하는지, 한국에 입국하지 않고 공항에서 바로 후쿠오카행 항공편으로 환승하면 되는 것인지 알 수 없었다. 어떡하지. 결정해야 했다. 한국으로 갈지 일본으로 바로 갈지. 사실 일본으로 가야 한다 해도 비행기 표를 바꾸고 다시 구입할 시간적 여유는 없었다. 우리는 속수무책으로 한국으로 향했다.

내가 생각하던 귀국길은 이런 게 아니었는데. 비행기 창밖을 바라보며 꿈만 같았던 네덜란드 생활을 떠올리며 눈물 한방울 흘리고 앞으로의 날들을 희망차게 그려보는 것이었는데. 아름다웠던 과거와 희망찬 미래를 그리긴커녕 당장 입국금지를 당하면 어쩌나 하는 현실적 고민이 눈앞에 닥쳤다.

일본 정부는 2020년 3월 9일부터 일본인을 포함해 한국과 중국에서 오는 모든 이에 대해 2주간 격리 조치를 취할 것이라 발표했다. 우리가 인천에 도착하는 건 3월 6일이었다. 그는 한국에 도착하자마자 입국제한이 시작되기 하루 전인 3월 8일 인천발 후쿠오카행 항공편을 끊었다. 시차적응에도 빠듯한 이틀의 시간을 보내고 그를 공항 리무진 버스에 태워 보냈다. 그게 마지막일 줄 알았더라면 더 정성스레 배웅했을 텐데. 피곤한 마음에 공항까지 함께 가지 않았고 이후 공항에서 벌어진 일들과 관련해 통역을 요하는 전화에 짜증을 냈다. 그도 마찬가지였다. "그래, 당분간 보지 말자!" 하고 성을 냈는데 그게 7개월이 될 줄 누가 알았으랴.

## 사랑이 먼저여야 하는 것 아닌가

2020년에 거짓말같이 국경이 닫혔다. 2020년 4월 1일, 일본은 한국 전역을 비롯한 73개 국가·지역을 입국금지 대상 지역으로 지정했다. 1990년에 태어난 내게 국경이 닫힌 경험은 난생처음이었다. 언제든지 비행기 표만 끊으면 일본으로, 태국으로, 유럽으로, 미주로 갈 수 있었는데.

전 세계적으로 중국과 한국에서 출발하는 항공편에 대해 제한적 입국금지를 하던 추세는 코로나 바이러스 전파 상황에 따라 입국제한 대상 국가를 하나둘씩 늘렸다. 동아시아인에 대한 인종차별 역시 극도로 치달았다. 양상이 심각해지고 세계보건기구가 팬데믹 선언을 하자 이것이 동아시아인에게만 해당하는 병이 아니라는 걸 전 인류가 깨달았다. 수많은 인파로 넘쳐나던 도시들의 텅 빈 거리 사진이 하루가 멀다 하고 올라왔다. 인류가 꿈꾸던 2020년은 이런 게 아니었지. 로봇이 날아다니고 AI가 인간을 대체하고 뭐 그런 거 아니었나. 게다가 일본과 한국은 2019년부터 외교적으로 심각한 갈등을 빚고 있었다. 백신이 개발되어 코로나 바이러스가 종식되어도 한국과 일본의 국경은 가장 늦게 열릴 것이었다.

4월이면 비행기가 뜨겠지, 아니, 5월이면 갈 수 있을 거야. 에이, 6월에는. 아니 설마, 여름에는 가겠지. 항공편 취소 메일이 올 때마다 혼잣말을 번복했다. 4월에 예약해두었던 후쿠오카행 항공편은 목적지가 도쿄로 임의 변경되거나 취소되기를 반복했다. 항공사 직원은 예약 가능한 날짜로 변경해주겠다며 친절하게 응대했지만 같은 일이 네 번 정도 반복되자 결국 예약 취소를 권했다. 언제 운항을 재개할지 알 수 없는 데다 계속 예약을 변경하는 것도 번거로우니 하늘길이 열리면 그때 전화를 달라는 거였다. 언제 파트너를 만날 수 있을지, 이사는 언제 갈 수 있을지 알 수 없는 상황에서 항공권 예약 날짜만이 희망이었는데. 날짜 받아두고 오매불망 기다리는 것이 유일한 낙이었는데. 어떤 날짜도 시기도 기약할 수 없게 되자 눈물이 났다. 이럴 줄 알았으면 그날 좀더 잘해줄걸. 공항까지 배웅할걸. 화내지 말걸.

한국에서 만나는 모든 사람들이 인사말로 "보라, 일본 못 가서 어떡해?"라고 말할 때 더이상 웃지 못하고 울고 싶어졌던 순간, 아니 그 반대였나. 더이상 울지 못하고 "허허, 그러게요" 하고 웃어넘길 수 있을 때였나. 혼인신고 후 배우자 비자를 받아두면 입국제한이 풀릴 때 가장 먼저 입국할 수 있을 거라는 글을 읽었다. 솔깃했다. 그래, 가장 먼저 들여보내주겠지, 가족인데. 그런데 한·일의 국경은 가족이 아닌 기업인에게 먼저 열렸다. 2020년 10월 8일,

한·일 양국은 '한·일 기업인 특별입국절차'에 따라 양국의 초청기업이 작성한 서약서 및 활동계획서를 제출하여 비자를 받아 합의된 특별 방역절차를 준수하면 입국 후 격리 조치 없이 경제활동을 수행할 수 있는 '비즈니스 트랙'을 시행했다. 재류자격이 있음에도 양국을 오가지 못해 발만 동동 구르던 개인의 왕래보다 경제가치가 우선이었던 것이다. 2020년 4월, 일본에서 거주하며 무역업을 하는 한 한국인은 어머니가 돌아가셨지만 일본 정부의 재입국 불허 방침에 귀국을 포기해야 했다. 일본 법무성이 영주자, 일본인과 결혼한 외국인, 일본 영주자와 결혼한 외국인이라도 '특단의 사정'이 없는 한 일본 입국을 거부했으며 모친상은 예외사항으로 포함하지 않았기 때문이다.

2020년 5월 25일, 덴마크는 국경을 접하고 있는 북쪽의 스칸디나비아 국가 및 남쪽 독일과의 국경통제를 대폭 완화하며 6개월 이상 커플 관계라는 것을 증명할 수 있는 이들에 한해 국경을 열겠다고 발표했다. 2020년 3월 14일 실시된 이동금지령 이후의 결정이었다. 그 어떤 나라도 국경을 열기 주저하던 때였다. 그래, 사랑하는 이들에게 국경을 가장 먼저 열어야지. 그 어떤 것보다 사랑이 우선이어야지. 그러나 한국과 일본의 상황은 그렇지 않았다. 배우자 비자는커녕 혼인신고도 어려웠다. 한국과 일본에 거주하는 커플이 혼인신고를 하려면 국제우편으로 서류를 주고받아야 하는데 하늘길이 닫혀 여의치 않았다. 여차저차 혼인신고에 성공하더라도 일본 입국관리국에서 재류자격 인정증명서를 발급받고 국제우편으로 발송해 한국의 일본 대사관에 비자를 신청해야 하는데 재류자격인정증명서 발급 업무 자체가 중지된 상황이었다. 이런 정보는 모두 인터넷 카페 '한일커플 결혼준비하기'에 있었다. '한일커플'과 '결혼준비'의 조합이라니! 평소에 생각하지도, 쓰지도 않는 단어에 흠칫했지만 정보를 얻기 위해서는 카페에 가입해야 했다. 입술을 깨물고 가입 신청 버튼을 눌렀다. 글을 읽으려면 새싹멤버가 되어야 했는데 회원 등급을 올리기 위해서 간단한 자기소개가 필요했다. 아래와 같은 양식이었다.

1. 한일커플 두분의 국적을 알려주세요.
한남일녀 or 한녀일남

첫번째 문항부터 막혔다. '한녀일남'이라니! 내가 '한녀'고 그가 '일남'이라니! 한. 녀. 일. 남. 민망했지만 마음을 가다듬고 답변을 달았다. 다음 문항이었다.

2. 결혼 여부: 사귀는 중
3. 어디서 만나셨나요?: 한국에서 지인 소개로요

4. 결혼하신다면 거주하실 나라와 지역은?: 일본 후쿠오카

5. 현재 거주하는 나라와 지역: 서울과 후쿠오카

6. 간단한 자기소개 부탁드려요.

안녕하세요 3년차 커플입니다 정보 얻고 싶어 카페 가입했습니다


마침표와 쉼표도, 그 어떤 이모티콘도 없이 지나치게 건조하게 쓴 것 같아 마지막 문장에 '잘 부탁드려요'와 느낌표를 더했다. 성의가 없다고 거절당할 수도 있으니 말이다. 혹시 누가 알아볼까 최대한 특정이 어려운 닉네임으로 수정하는 것도 잊지 않았다. 그때까지는 몰랐다. 다음 등급으로 올라가기 위해서는 얼굴이 잘 보이는 커플 사진을 첨부해야 한다는 걸.


## 혼인 사유: 기후위기


2020년 7월 말, 배우자에 한해 재류자격인정증명서가 발급된다는 소식이 들렸다. 일본 외무성에서도 8월 5일부터 입국거부 대상 지역 지정 이전에 일본을 출국한 재입국허가 보유자에 대해 일본 재입국을 인정한다고 발표했다.

위독한 상태의 친족 병문안을 위한 방문, 출산·재판·수술 등의 인도적 배려가 필요한 거주민에 한해 국경을 연다는 내용이었다. 카페 회원 중 특별한 사유를 가진 이들이 비자를 받아 입국했다는 후기가 올라왔다. 국경이 열리다니! 단비와도 같은 소식이었다. 그러나 대상자는 혼인신고를 완료한 이들이었다. 파트너는 이러다 영영 못 보겠다며 결혼하는 것도 생각해보자고 했지만 입국 비자 받겠다고 혼인신고를 하고 싶진 않았다. 절차도 복잡할뿐더러 이런 이유로 결혼해야 한다니, 전혀 낭만적이지 않았다.

사실 결혼은 내가 먼저 하자고 했다. 일찍이 네덜란드에서 거주하기 위해 파트너 비자가 필요하다면 혼인신고야 먼저 할 수 있는 거 아니냐고 주장했다. 네덜란드는 결혼하지 않은, 등록되지 않은 파트너에게도 결혼 및 파트너십으로 등록한 이들과 같은 자격으로 비자를 발급한다. 그걸 잘 몰랐던 초반에는 결혼한 배우자에게만 해당되는 줄 알고 "혼인신고 그거 뭐 서류 절차일 뿐인데 깊이 고심할 필요 있냐"라고 했는데 상황이 바뀌어 비자가 필요한 쪽이 내가 되니 마음이 달라졌다. 아니, 얼굴 한번 보려고 비자 받기 위해 결혼을 한다는 게 말이 되나! 백번 양보해서 혼인신고를 한다고 치자. 그럼 나 혼자 구청에 가서 신고해야 하잖아. 너무 슬플 것 같은데. 고개를 저었다. 조금만 더 버텨보자. 혼인신고를 한다고 국경이 열리는 것도 아니잖아? 제안을 거절했다.

8월 중순, 일본 대사관이 배우자 비자 신청 접수를 재개한다고 발표했다. 일본 입국관리국에서 재류자격인정증명서를 발급받았다는 후기가 올라왔다. 종종 헤어졌다는 글도 있었다. '언제 만날 수 있을까요' '너무 힘들어요' '이제 그만하기로 했습니다'라는 제목으로 올라오는 글들 사이에서 누군가는 말했다.

"얼굴 보지 못하고 최소 반년은 헤어져 있는 상황에서 국제 커플은 둘 중 하나를 선택하죠. 헤어지거나 결혼하거나."

국경이 닫히자 사람들은 보수적인 결정을 했다. 아니, 왕래할 자유가 제한되자 제한적인 선택지 중 고를 수밖에 없었다. 무비자로 오가며 연애하던 커플들은 이별하거나 결혼했다. 우리도 마찬가지였다. "언제 볼 수 있을까?" 하며 그리움으로 시작한 대화는 "그럼 안 오겠다는 거야?"라는 관계에 대한 의심으로 끝났다. 이제껏 우리가 해왔던 것처럼 결혼제도에 얽매이지 않고 함께 살며 관계를 지속하고 싶었지만 한국과 일본에는 네덜란드와 같은 파트너십 제도가 없었다. 무엇보다 팬데믹이 언제 끝날지, 코로나19가 언제 종식될지 알 수 없었다. 지금 이 상황에서 함께 있기 위해서는 '결혼'을 선택해야 했다. 하지만 그래서 하기 싫었다. 어쩔 수 없다는 이유로, 쫓기듯 미래를 닫아

버리고 싶지 않았다.

 그런데 역설적으로, 코로나19와 함께 찾아온 예상치 못했던 일들이 내 결심을 바꾸어놓았다. 바이러스 앞에 일순간 닫혀버리는 국경, 방역을 위해서는 어쩔 수 없다며 더 많은 일회용품을 아무렇지 않게 쓰는 사회, 유독 길었던 2020년 여름의 장마와 태풍. 이것은 2020년만의 특수하거나 예외적인 상황도 아니었고 참고 견디면 금방 지나갈 종류의 것도 아니었다. 앞으로도 이런 일은 계속해서 반복될 것이었다. 2030년에는 지구가 멸망할 것이라고, 기후위기로 인류는 끝이 날 것이라고 어떤 과학자가 말했다. 지구가 멸망한다고? 예전에는 그런 말을 들으면 웃었다. 1999년 무렵에는 2000년이 되면 '그날'이 올 것이라는 말에 콧방귀를 뀌었다. 그런데 2020년의 끝나지 않던 여름 장마와 태풍, 침수를 겪고 나니 더이상 웃어넘길 수 없었다. 지구온난화로, 잦은 감염병으로, 산불로, 대기오염으로 멸망할 것이라는 말을 조금은 더 믿게 되었다. 이건 더이상 먼 미래의 일도, 다음 세대의 일도 아니다. 너와 나의 일이다. 그러자 결심하게 되었다. 2030년이 우리의 끝이라면 행복하게 살자고. 사랑하는 사람과 좋아하는 일을 하며 살자고. 엄청난 기후변화로 해수면이 높아져 살 곳이 사라지더라도 사랑하는 이와 함께 견디자고. 또다른 감염병으로 밖에 나가지 못하더라도 사랑하는 사람과 끼니를 챙기며 방법을 찾아보자고. 그와 함께 기후위기 캠페인에 참여하고 기후위기 비상행동에 참가하며 10년을 20년으로, 30년으로 늘려보자고.


## 일본에서 바라보는 한국의 방역


그렇게 혼인신고를 하고 비자를 발급받아 일본으로 출국하게 되었다. 막상 출국을 앞두니 걱정이 앞섰다. 한국 언론에서는 K-방역을 칭찬하며 한국 바깥은 지옥인 것처럼, 해외의 '지옥도'를 앞다투어 보도했다. 일본의 전파 속도가 심상치 않으니 KF마스크를 챙기라는 말에 바리바리 쌌다. 말도 안 통하는 외국에서 코로나19에 걸리면 큰일이란 생각에 여행자보험도 가장 비싼 걸로 들었다. 어디 나가지 않고 집에만 있어야겠다고 마음먹었다. 하지만 막상 도착하자 예상하던 것과는 사뭇 다른 풍경이 펼쳐졌다. 한국 바깥에서도 사람들은 일상을 살고 있었다. 한국처럼 마스크를 끼며 말이다. 한국 매체에서 보도하던 것처럼 '매일같이 사람이 죽고 실려 나가는' 끔찍한 디스토피아는 아니었다. 한국과 마찬가지로 어딜 가나 입구에 손 소독제가 비치되어 있고 상점을 비롯한 슈퍼마켓, 식당 등에는 직원과 손님을 보호하기 위한 가림막이 설치되어 있었다. 마스크 착용은 일상화되어 있었고 많은 사람들이 일회용 마스크가 아닌 천 마스크와 같은 재사용이 가능한 마스크를 착용했다. 원래도 마스크 착용 문화가 있는 사회라 마스크 착용 보급화에는 어려움이 없을 거라 생각했지만 이 점은 의외였다. '아베노 마스크'와 같은 마스크 대란이 있었던 지난봄 이후 일회용 마스크 공급이 원활해졌음에도 사람들은 세탁하여 재사용할 수 있는 마스크를 사용한다. 한국보다 더 많은 천 마스크 착용자를 볼 수 있었다.

한국에서 바라본 일본, 일본에서 바라보는 일본은 완전히 달랐다. 물론 일본에서 바라보는 한국과 한국에서 바라보는 한국 역시 그럴 것이다. 코로나19에 대응하는 각 나라의 방역 방식과 정책은 사회·문화적 환경에 따라 다른 양상을 보인다. 한국처럼 정부가 적극적으로 정보를 개방하고 코로나19에 대한 대규모 검사를 하며 대응하기도 하고, 스웨덴처럼 봉쇄 없는 대응을 하되 오랜 전통과 맥락에 따라 강제성을 띠는 정책을 최소화하고 시민 개개인의 책임을 강조하기도 한다. 각 국가의 의료 체계와 코로나19 확진자 증가율, 그에 따른 대응 방식은 열이면 열, 모두 다르다. 장영욱 대외경제정책연구원 부연구위원은 "각 나라를 확진자, 사망자 수로 줄 세운 뒤 성과가 초라한 나라를 무시해버리면, 그리고 우리의 우월감을 확인하는 수단으로만 소비해버리면, 정작 우리가 놓치고 있는 부분을 성찰할 기회는 영영 잃어버리게 된다"고 말한다. "다양한 시각을 반영한 좋은 정책을 만들기 위해선 타국 정책에 대한 '악마화'도 '이상화'도 없는 정확한 이해가 먼저 이루어져야 한다"고 말이다.[1] 한국처럼 대응하지 않는다고 해서, 확진자와 사망자가 한국보다 많다고 해서 그 방식이 반드시 틀리거나 뒤떨어졌다고 말할 수 없다는 거다.

한국 바깥은 틀리지 않았다. 다만 각국의 특수한 사회·문화적 맥락에 따라 코로나19에 대응하는 정책이 다를 뿐이었다. 바리바리 싸들고 온 KF마스크를 보고 파트너가 물었다. "네가 평소에 환경보호를 자주 말하길래 재사용이 가능한 마스크로 바꾸었는데 이건 다 뭐야?" 부끄러웠다. 코로나 전파를 막기 위해 매일같이 플라스틱 소재의 일회용 마스크를 착용하고, 일회용기에 담겨 오는 배달음식을 시켜 먹고, 간편한 새벽배송으로 생활용품을 주문하는 게 당연하던 한국의 나. '생활 속 거리두기'를 지키기 위해 소비자는 인터넷 쇼핑을 하고 택배 노동자는 늘어난 물량을 감당하지 못하고 과로사하고 자살하는 사회, '방역'이라는 가치를 지키기 위해 식당에 가지 않고 배달음식을 시켜 먹는 고객과 폭우와 폭설이 쏟아지는 날에도 빠른 배달을 위해 위험을 감수하고 달리는 배달 노동자가 공존하는 곳에서 온 나는 스스로에게 질문했다. '방역'이라는 가치를 지키기 위해 일회용품을 사용하며 환경을 희생하고, 대면을

최소화하기 위해 누군가의 노동과 인권을 맞바꾸는 것을
당연하게 여겼던 건 아닐까.

## 어떤 것이 우선이어야 하는가

그건 코로나19 이후 우리 사회에서 무엇이 우선되어야
하는지 묻는 일과도 같다. 정부의 사회적 거리두기 조치로
가장 먼저 문을 닫은 것은 정부 지자체에서 운영하는 공
공시설과 시민이용시설을 비롯한 국립문화예술시설과 같
은 다중이용시설이었다. 도서관, 박물관, 미술관, 수영장
과 같은 공간 말이다. 많은 이들이 그 어디에도 가지 못하
고 발만 동동 굴렀는데 특히 특정 계층과 세대가 큰 타격
을 맞았다. 지자체에서 운영하는 도서관에서 하루를 보내
며 취업을 준비하고 체육시설에서 아침 수영을 하며 노년
의 하루를 보내던 사람들, 공공 문화·체육시설에서만 그러
한 혜택을 누릴 수 있었던 이들에게 일상이 사라졌다. 여
럿이 오가는 공간이지만 감염을 최소화하는 방식으로 운
영을 할 수는 없었는지, 공공기관의 책임을 최소화하기 위
해 운영을 중지하는 것이 과연 최선의 선택이었는지 묻게
된다.

가장 빨리 닫히고 가장 늦게 문을 연 곳은 학교였다. 정

135

부는 코로나19 전파를 우려하여 개학을 미루고 수업을 온라인으로 대체했다. 가장 먼저 등교 수업을 할 수 있게 된 것은 고3이었는데, '이러다 고3 입시 망하면 누가 책임지냐'가 방역이 우선이던 한국사회를 설득했다. 조희연 서울시교육감은 "입시를 둘러싼 쟁점이 교육 담론 안에서 지나치게 특권적인 지위를 누리는 상황은 아닌가 돌아보게 했다"며 각 학교가 자율적으로 학사 일정을 짤 수 있도록 하는 방안을 발표했다. 이 방안에는 저학년 위주로 등교를 확대하는 내용이 포함되어 있는데 오랜 기간 휴교하고 온라인 수업으로 교육 방식이 전환된 동안 유치원생 같은 초등학교 1학년, 초등학교 6학년 같은 중학교 1학년이 늘어나는 등 심각한 문제가 초래되었기 때문이다. 네덜란드, 프랑스, 독일, 덴마크를 비롯한 유럽 국가들은 저학년의 등교를 가장 먼저 허용했다. 방역 이외에도 아이들의 돌봄과 사회적 관계, 교육 등의 가치를 복합적으로 고려한 선택이었다. 전파를 줄이기 위해 학급당 학생 수를 반으로 줄이거나 야외수업 위주로 진행하는 등 변경된 세부 방침이 뒤따랐다. 팬데믹이라는 상황에서 어떤 가치가 가장 우선되어야 하는지에 대한 질문이자 행동이었다. 한국에서는 코로나19로 중하위권 학생의 성적은 떨어지고 기존 상위권 학생은 더 오르는 등 교육 양극화가 벌어지고 있다는 주장이 제기됐다. 더 큰 문제는 수치화하기 어려운, 학교라는 공간에서 학습하는 사회적 관계와 공동체의 경험이다. 학생들의 등교 가능 여부는 매일 오전 발표되는 일일 확진자 수로 정해졌다. 어쩌면 이것이 적절한 시기에 중요하고 필요한 교육을 받아야 할 학생들의 기본 권리를 침해한 것은 아닐까. 무작정 학교를 닫는 것이 아니라, 코로나 19 이후 어떻게 안전하고 적합한 방식으로 배움의 권리를 지켜나갈지 더욱더 첨예한 사회적 논의를 해야 했던 건 아닐까.

2020년 10월, 프랑스 정부가 생필품 판매를 제외한 모든 업종의 영업 중단을 명하고 이동통제령을 발표하자 파리에서 서점을 운영하는 주인이 그럼 서점에서 야채, 과일도 함께 팔겠다며 "책도 팔고 뭐든지 다 팔게 된 아마존이 우리의 새로운 경쟁상대"라고 말하며 서점 문을 열었다. 책꽂이 위에는 큰 오렌지 두개가 올려져 있고 책이 놓여 있던 매대 옆에는 과일과 채소가 놓인 새 매대가 등장했다. 정부가 일상생활을 영위할 수 있는 생필품만을 사고팔 수 있도록 규제하자 책은 왜 생필품에 포함되지 않느냐는 질문을 던진 것이다. 누군가는 사람이 죽게 생겼는데 책은 무슨, 하고 말하겠지만 한권의 책과 영화와 음악은 한 사람의 하루를 살리기도 하고 인생을 구원하기도 한다. 코로나19로 강력한 사회적 거리두기를 할 때 우리가 하루 종일 영화를 보고 책을 읽고 팟캐스트를 들으며 그 우울한 상황을 버텨냈던 것처럼 말이다. 인간의 삶은 생필품만으로 구성되지 않으며 개개인의 관점과 철학에 따라 삶의 우선가치는 달라진다.

## 사랑과 용기, 자유의 힘을 모아

얼마 전, 국제 연애를 하고 있는 일본인이 인터넷 청와대 게시판에 국민청원을 올렸다. 이제 좀 만나게 해달라는 내용이었다. 모든 사회문제를 인터넷 청원으로만 해결하게 된 현 세태가 불편하고 답답했지만 글을 읽다보니 구구절절 공감했다. 어색한 한국어 문장으로 똑똑히 적혀 있었다.

"그래도 저는 그 사람을 사랑하고 있어요. 다른 사람에게는 그냥 다른 사람의 연애지만 나한테는 인생의 전부예요."

눈물을 쏟았다. 절박한 마음이 여기까지 전해졌다. 드디어 비자를 받았다고 환호성을 지르며 글을 올렸을 때 달린 댓글이 떠올랐다. "좋겠다." 나와 같은 한일커플이지만 농인과 성소수자라는 다른 정체성을 가진 지인이 단 것이었다. '좋아요' 버튼을 누르는 것 외의 그 어떤 말도 할 수 없었다. 이성애자 커플인 나는 혼인신고를 하여 비자를 받는 최후의 방법을 선택할 수 있지만 그에게는 그 선택지조차 없다. 성소수자 커플은 합법적으로 혼인신고를 할 수 없기에 비자를 발급받을 수 없고 수어를 사용하는 농인이기에 자신의 언어로 적절한 정보를 제때 제공받기 어려운 데다 문제제기를 하려면 통역이 필요한 제한적 상황에 놓여 있다. 같은 한일커플이라도 개인의 정체성과 상황에 따라 무수히 다른 조건에 놓이는 것이다. 내가 민망함만 감수하면 가입할 수 있었던 그 카페의 가입 질문에 '한녀일남' '한남일녀' 외의 다른 선택지는 없었다. 코로나19 시대에 한일커플에 대한 거의 모든 정보가 있었던 그 카페에 접근조차 할 수 없는 이들이 있다.

앞으로 그들의 무한정 생이별 기간은 더욱더 늘어날 것이다. 여전히 국경은 닫혀 있고 법적 배우자로 등록된 이들만이 국경을 오갈 수 있다. 제한된 가치, 사랑과 자유를 생각한다. 만나지 못하는 커플은 두가지 선택을 하게 될 것이다. 헤어지거나 결혼하거나. 그도 고민할 수 없는 커플도 존재한다. 그중 누군가는 사랑이 전부라고, 인생의 최고 가치라고 말한다. 서툰 한국어로 적힌 청원 내용을 떠올린다. 역병의 시대에 가장 우선되어야 하는 건 사랑일지도 모르겠다. 아니, 사랑이 인생의 최고 가치라고 말할 수 있는 용기를 내는 것일지도. 비즈니스라는 말의 사전적 의미는 '어떤 일을 일정한 목적과 계획을 가지고 짜임새 있게 지속적으로 경영하는 것이나 그 일'을 뜻한다. 비즈니스로 창출되는 건 자본과 같은 경제적 가치일 수도 있고 그렇지 않을 수도 있다. 코로나19 이전에는 경제적 이익을 창출하는 비즈니스와 자본이 모든 것에 우선했다. 그런데 그 이후도 그래야 할까? 코로나19는 전 인류의 삶과 그 방식을 바꿨다. 그렇다면 지금 해야 하는 건 가치에 대한 인식과 사고방식 또한 바꾸는 것이어야 하지 않을까. 코로나19로 없었던 문제가 새롭게 등장한 것이 아니라 이전에 가려진 것이 심화되어 드러났을 뿐이다. '코로나19 이후'를 살아가고 있는 지금, 우리는 더욱더 치열하게 고민하고 논의해야 한다. 삶의 우선가치는 무엇이어야 하는지, 정부와 사회는 개인의 가치를 어떻게 보장하고 지킬 것인지, 자유와 사랑, 용기를 가르치고 선사하는 사회적 관계를 어떻게 이어나갈 것인지 말이다. 이전과는 같은 방식으로 살아갈 수 없다는 걸 안다. 그러므로 사랑과 용기, 자유의 힘을 모아 연대하며 고민해야 한다. 마스크에 가려진 것은 '방역'에 가려진 가치와 그 가치에 대해 질문하고 상상할 권리다.

# 인종주의라는
# 바이러스

내가 그 일을 겪은 건 2020년 2월 초였다. 그때만 해도 코로나 바이러스는 우한을 중심으로 중국과 주변국가에서 확산되는 에피데믹(epidemic)이었다(국제보건기구가 팬데믹을 선언한 것은 3월 11일이다). 영국에도 감염자가 몇 명 보고되었지만 대부분 우한에 다녀온 사람들이었다. 뉴스의 자료 화면은 매일 중국을 보여주었다. 그러니 사람들이 바이러스와 중국을 연관 짓는 것은 이해할 수 있는 일이다. 그런데 거기서 그치지 않고 중국인혐오(Sinophobia)로 번진 것은 실로 안타까운 일이었다. 인종주의도 바이러스처럼 확산되었다. 중국인, 나아가 아시아인들 중에는 때리고 밀치고 침 뱉고 욕하는 사람들을 만나 곤욕을 치른 사람들이 생겨났다. 그런 폭력과 모욕에 비하면 내가 겪은 것은 소소하기 그지없는 일이다.


## 우리를 바이러스로 보는 사람들

딸들과 같이 가수 칼리 레이 젭슨(Carly Rae Jepsen)의 공연을 보러 갔다. 저녁 공연이었는데, 앞에서 보려고 일찌감치 길을 나섰다. 한껏 들뜬 아이들을 보니 나도 덩달아 신이 났다. 런던 브릭스턴역에 도착한 것은 점심때였다. 중국 음식 도시락 가게에 들렀다. 도시락을 사가지고 가서 빨리 줄을 서고 싶었다. 상가 입구 한구석에 유리 매대를 놓고 진열된 음식을 용기에 담아주는 작은 가게였다. 중국인처럼 보이는 청년 두명이 주인인 것 같았다. 주문을 하고 기다리는데 거구의 사내가 상가 안으로 들어왔다. 그는 우리를 보자마자 스웨터를 위로 올려 입과 코를 가리는 시늉을 하고 소리쳤다. "코로나 바이러스, 너희 중국인들은 다 마스크를 써야 하는 것 아니냐?" 그때만 해도 영국에는 아무도 마스크를 쓰지 않았다. 우리도 마찬가지였다.

청년들은 이런 일에 익숙한 듯 차분하게 응대했다. "우리는 우한에 가본 적이 없고 몇년 동안 중국에 간 적도 없어요. 당신과 마찬가지로 쭉 영국에 있었으니 괜찮습니다." 그 남자는 듣는 것 같지 않았다. 우리로부터 감염될까 염려하는 것 같지도 않았는데, 그렇지 않고서야 그렇게 가까이 다가올 수가 없다. 단지 꼬투리를 잡아 화를 내고, 위협을 하고 싶었던 것 같았다. 평소에도 중국인을, 아시아인을 싫어했던 걸까? 아시아인은 몸집도 작고 보통 잘 참으니까, 무례하게 대해도 된다고 여겼을까?

나는 놀라고 무서워서 뭐라 대꾸해야 할지 몰랐다. 그가 나를 바라볼 때 일단 "익스큐즈 미?"라고 한껏 끝을 뾰족하게 올려 말하긴 했다. 고작 그게 소심한 나의 항의였다. 다음 말은 하지 말았어야 하는데, 순간적으로 이 말이 튀어나왔다. "나는 영국에 살아요. 그리고 우리는 중국 사람이 아니에요." 이런! 두고두고 부끄러웠다. 후에 반성문처럼 이런 글을 썼다. "나는 그의 인종주의적 발언을 문제 삼는 대신, 중국인이 아니라고 확실히 선을 그었다. 그건 중국인은 다 마스크를 쓰고 다녀야 한다는 그의 주장을 암묵적으로 인정하는 것이나 다름없었다. 좀 비굴했으나 그 순간에는 다른 생각이 나지 않았다."[1]

억울함은 나중에야 치밀었다. 그 사내는 공권력을 가진 경찰도, 의학적 소견을 가진 의사도 아니었다. 그런데도 그는 당당하게 우리에게 요구했고, 우리는 그의 말에 대답할 의무가 없는데도 열심히 해명했다. "중국에 다녀온 적이 없다"라고, "중국인이 아니다"라고, "우리도 여기 살고 있다"라고. 무력감 같은 것이 일었다. 시비는 그가 걸었는데 하루 종일 기분을 망친 것은 우리였다. 공연장의 힘찬 에너지도 그 찜찜한 기분을 다 거둬가지 못했다.

✳

나는 지금까지 삶의 대부분을 한국에서 보냈다. 영국으로 이주해와 살면서도 운이 좋게 인종주의적 공격을 대놓고 당해본 기억은 없다. 그래서 인종차별 경험을 들으면, 맞장구를 치며 공감하기보다는 내심 그들에게 우연히 닥친 불운쯤으로 생각했다. 내가 아끼는 소년 얘기를 들을 때도 처음에는 그랬다. 소년은 초등학교 때 동급생으로부터 괴롭힘을 당했다. 그 잔인한 어린아이들이 소년의 귀에 대고 속삭였다. "너 아무 말도 하지 마. 아무도 못 알아들어. 냄새나는 검은 머리 같으니라고." 그 소년은 몇년 동안 그 아이들과 같은 반에서 공부하고, 축구도 같이해야 했다. 경기 중에 차이고 넘어져도 그게 정당한 공격이었는지, 태클을 가장한 폭력인지 가늠하기 어려웠다. 소년의 상처는 깊었고 오래갔다. 중학교에 진학해 그 아이들을 더이상 보지 않는데도 완전히 없어지지 않은 것 같다.

중국 음식점에서의 짧은 봉변 후에 나는 소년이 겪은 고통이 어떤 것이었을지 상상해보았다. 내가 그 몸집 큰 사내를 몇년 동안 매일 봐야 한다면, 그가 내 귀에 대고 "너는 바이러스야"라고 말한다면, 내 앞에서 코와 입을 가리고 지나간다면, 나를 밀치고 가면서 실수라고 말하면 나도 악몽을 꿀 것이다. 내 피부색과 생김새 때문에, 내가 나라는 이유로 모욕을 받는다면, 견디기 어려울 것이다.

＊

시선, 경계, 수군거림. 이런 것들은 참으로 고약하다. 당하는 사람은 느끼는데, 하는 사람은 아닌 체하는 것들. 뭐라 항의하기도 어렵다. 카페에서 흘끗흘끗 쳐다보며 '차이나 바이러스' 얘기를 하는 사람들에게, 쇼핑몰이나 거리에서 내 주변에는 오지 않는 사람들에게, 내 곁에서 고개를 돌리거나 소매로 입을 막는 사람들에게, 무슨 말을 할 수 있겠는가? 처음에 영국 사람들이 마스크를 쓰지 않을 때는 나도 일부러 쓰지 않았다. 보균자처럼 보일 것 같아서 그랬다. 꼭 필요한 일이 아니면 바깥에 나가지도 않았다. 경계하는 눈초리를 받을 것이 두려워서 봉쇄령이 내려지기 전에 이미 나를 격리시켰다.

바이러스는 곧 유럽을 집어삼켰다. 이탈리아를 강타했고, 곧이어 영국에도 걷잡을 수 없이 확산되었다. 3월 말 영국 전역이 록다운(봉쇄)되었다. 펍, 카페, 레스토랑이 다시 문을 연 것은 7월 초였다. 그사이에 유럽과 미국을 비롯해 전 세계가 초토화되었다. 이제는 다들 마스크를 하고 다닌다. 이상하게 들리겠지만, 나는 모두가 마스크를 쓴 지금, 평등함을 느낀다. 내가 아시안이어서 마스크를 써야 하는 것이 아니라, 우리가 서로 같은 인간종으로 이 바이러스와 불안에 맞서 싸운다는 것을 보여주는 것 같기 때문이다.

                                    ❊

한국을 비롯한 몇몇 아시아 국가들은 바이러스 확산을 일찌감치 통제했다. 서구의 피해는 비교할 수 없이 크다. 감염자수를 비교하면 미국은 중국보다 270배나 많다. 영국도 37배가 많다(2021년 2월 1일 기준 미국의 감염자수는 대략 2,600만명, 영국은 380만명, 중국은 9만명, 한국은 8만명이다). 팬데믹 상황에서 아시아인과 바이러스를 연결시키는 건 아무 근거가 없다. 그리고 이런 봉쇄 상황에서 어디 출신인지가 무슨 소용이 있겠는가, 대부분 나라 밖을 떠난 적이 없는데. 그러나 사람들은 합리적으로 생각하지 않는다.

8월의 어느 화창한 날이었다. 사람들은 다들 다시 누리는 자유를 귀하게 여겼다. 나도 가깝게 지내는 한국인 가족과 함께 공원을 산책했다. 한 할머니가 산책로 옆 벤치에 앉아서 햇빛을 즐기고 있었다. 우리 앞으로 열살쯤 된 백인 소년이 뛰어갔다. 그 아이가 앞을 지나자 노인은 활짝 웃어주었다. 천천히 걸어가던 우리가 그이 앞을 지날 때, 하필이면 그때 콧물이라도 나온 걸까, 노인은 손수건으로 슬그머니 입과 코를 가렸다. 아, 왜… 또… 같이 있던 아이들이 그 모습을 보지 않았기를 바라면서, 우리는 아무 일도 없다는 듯이 그 앞을 지나갔다. 열두살 난 아이가 아무 말 없이 한참을 걷다가 돌아보며 물었다. "엄마, 아까 그 할머니 봤어?" "응… 누구? 못 봤는데?" 그 순간 엄마는 아들에게 뭐라 말해주어야 할지 겁이 났을 거다. 갑자기 닥치는 이런 순간에 우리는 말문이 막힌다. '그때 이렇게 말했더라면' 하는 후회는 늘 나중에 온다.

*

　우리는 그저 일상을 살고 있었다. 산책을 하고, 쇼핑을 하고, 커피를 마시고, 좋아하는 가수의 공연을 보러 갔다. 누구의 삶도 방해하지 않았는데 별안간 경계의 대상이 되었다. 코로나 바이러스의 출몰과 함께 혐오와 위협의 대상이 된 많은 중국인과 (중국인을 닮은) 아시아인들도 다 마찬가지였다. 평소처럼 길을 걸었고, 버스를 탔고, 가게에 갔고, 산책을 했다. 폭행당하고, 욕설을 듣고, 쫓겨날 이유는 없었다. 바이러스가 아시아인의 유전자 안에 숨어 있는 것이 아님을 모를 리 없다. 그럼에도 불구하고 그런 일이 벌어진 것은, 이미 가지고 있었지만 표현을 자제했던 인종적 편견과 혐오를 사람들이 팬데믹을 핑계로 거리낌 없이 드러냈기 때문이다. 다수 집단은 '이 시국'을 핑계 삼아 인종적 소수자를 무리에서 쫓아내려 했다.

## 우리가 바이러스로 보는 사람들

인종주의 바이러스는 코로나 바이러스보다 훨씬 더 오래되었고, 그 생존력도 훨씬 더 강하다. 또한 어디에나 있고, 쉽게 변형된다. 인종주의 바이러스의 전파는 한국에서도 예외가 아니다. 한국에 사는 중국인과 중국 동포들 역시 '시선' 얘기를 했다. 나를 바이러스처럼 보는 그 경계와 혐오의 시선은 불쾌한 것임에 틀림없는데 '불쾌하다'보다는, 오히려 '두렵다' '위축된다' '피하고 싶다'는 감정을 먼저 불러일으켰다. 그건 힘의 불균형 때문이다. 그래서 사회적 약자는 많은 경우에 자신이 느끼는 불쾌감을 상대에게 표현하기보다는 그 상황을 회피하거나 숨어버리는 편을 선택한다. 내가 지레 스스로를 격리시켰듯이, 그들도 외출을 자제하면서 칩거했다. 중국 동포 커뮤니티는 확진자가 나올까봐 극도로 조심해서, 실제로 6월이 될 때까지 이들 가운데 감염자는 한명도 나오지 않았다. 대림동에 사는 한국 사람이 이렇게 말했다. "코로나19 초기에는 중국 동포들이 어찌나 스스로 조심을 하는지, 아파트 엘리베이터나 복도에서 마주칠 수가 없을 정도였다. 혹시라도 중국 동포 가운데 확진자가 나오면 안 그래도 있는 혐오표현이 더 세질까 두려워서였던 것 같다."[2]

한국에는 "중국인 출입금지"라고 써 붙인 식당과 카페가 생겨났고, 중국 동포들은 일자리 구하기가 어려웠다고 한다. 상상해봤다. 영국에서 내가 식당에 갔는데 문 앞에 "중국인 출입금지"라는 딱지가 붙어 있으면 어떤 기분일까? 모욕감을 느낄 거다. 그러면 어떻게 행동할까? 세가지 중 하나이다. ① 그냥 집으로 돌아온다 ② 나는 중국 사람이 아니고 한국 사람이라고 말한다 ③ 주인에게 이건 명백히 '평등법' 위반이라고 항의한다. 소심한 나는 그냥 집으로 돌아올 가능성이 높다. 그리고 그 상처와 모멸을 덮으려고 이런 방어기제를 사용할 거다. '치사해서 안 먹고 만다' 혹은 '그렇게까지 해서 먹은들, 그 음식이 맛있겠어?' 혹은 '어차피 이 식당 음식 맛없잖아?' 실상은, 안 먹은 게 아니라 못 먹은 거다. 선택한 것이 아니라 배제된 것이다. 나는 다행히 이런 일을 당하지 않았다. 영국에는 '평등법'(Equality Act 2010)이 있어서, 인종(피부색, 국적, 민족,

출신국)을 이유로 소비자에게 서비스를 제공하지 않는 것은 명백히 불법행위이다. 입건될 위험을 감수하면서까지 이런 행동을 하는 무모한 주인은 없다. 만약 있더라도 그는 그 행위가 어떤 법적 결과를 초래할지를 안다.

경기도에 있는 이주청소년지원센터에서 있었던 일이다. 이 센터는 외국인 노동자, 결혼이주자, 난민 자녀들에게 한국어를 가르치고, 다양한 문화 체험 기회를 제공하고, 학교에서 적응하고 생활할 수 있도록 돕는 일을 한다. 2020년 가을, 한국은 사회적 거리두기 1단계를 유지하면서 조심스럽게 일상적인 활동을 하고 있을 때였다. 가게들이 문을 다 열었고, 학생들도 학교에 돌아갔고, 센터도 수업과 체험활동을 재개했다. 어느 토요일, 콩고, 나이지리아, 코트디부아르 출신 어린이 열명을 데리고 키즈카페에 가기로 했다. 그 당시 실내 놀이터는 사회적 거리두기 때문에 정원의 절반만 받을 수 있었다. 그래서 미리 예약을 하고 비용도 지불해두었다. 주인에게도 우리 시에 거주하는 난민 가정의 자녀들이 올 거라고 미리 언질해두었다. 주인은 알았다고, 환영한다고 했다. 아이들은 며칠 전부터 설레어했다.

그날이 되었다. 개업한 지 얼마 안 되어서 그런지 사람이 많지 않았다. 아이들은 얌전히 줄 서서 입장했다. 이미 카페에서 놀고 있던 아이들과 보호자들이 낯선 눈으로 이들을 바라봤다. 한 엄마가 일어나서 주인에게 다가갔다. "사장님, 이 코로나 시국에 이런 애들을 받아도 되는 거예요?" 흑인 애들을 받으면 어떻게 하느냐고, 우리 아이들이 감염되면 책임질 거냐고 한참을 항의한 후, 이렇게 말했다. "이러시면 안 되죠. 이러면 우리가 못 오죠."

주인의 머릿속엔 순간 여러 생각이 스쳤을 거다. '이 도시는 맘카페 활동이 활발하다. 혹시라도 이 사람이 이 일을 카페에 올려 소문이 잘못 나면 망할 수도 있다.' 주인이 난처해하는 중에, 늦게 도착한 L이 엄마와 함께 입장했다. L의 엄마는 나이지리아 출신으로 한국에 온 지 6년이 되었고, L은 한국에서 태어났다. 주인은 얼른 그들을 막았다. "죄송합니다. 입장할 수 없습니다. 환불해드릴게요. 돌아가세요." 고육지책이었을 거다. 팔짱을 끼고 바라보는 한국인 엄마 앞에서 그렇게라도 성의를 보여줘야 했을 거다. L은 입구에서 울음을 터트렸다. L의 엄마는 당황했지만 항의하지 못했다. 난민 출신인 센터의 인솔 교사도 맞서 싸우지 못했다. L은 울면서 돌아갔고, 나머지 아홉명은 구석에서 그들끼리 놀았다.

이런 얘기를 들으면, '나라면 어떻게 했을까?' 생각하게 된다. 내가 한국인 엄마였다면, 나도 이 아이들이 낯설었을 거다. 피부색이 검은 아이 아홉명이 줄지어 들어오는 모습이 한국에서 흔치 않은 것은 사실이다. 그렇더라도 "이 시국에" "이런 애들"이라고 말하며 항의하지는 않았을 것이다. 그 둘은 도무지 연관이 없는 일이다. 이 아이들과 바이러스가 도대체 무슨 상관이 있단 말인가? 그리고 "이런 애들"이 도대체 어떤 아이들이란 말인가? 내가 이런 인종차별적 언사를 대놓고 하지 않을 거라는 것은 장담할 수 있다. 그러나 그다음부터는 자신이 없다. 내가 사장이었다면 어떻게 했을까? 항의하는 한국인 보호자에게 '이 아이들은 당신과 마찬가지로 손님이니 당연히 입장할 수 있다'라고 단호하게 말할 수 있을까? 그래도 막무가내로 우기면, 가게 문 닫을 각오를 하고 한국인 엄마와 아이를 카페에서 내보낼 수 있을까? 쉽지 않을 것 같다. 내가 L의 엄마였다면, 혹은 인솔 교사였다면, 키즈카페에 이것이 얼마나 부당한 차별인지를 항의하고 예약한 이용자의 권리를 주장할 수 있었을까? 그랬을 수도 있다. 하지만 내가 한국인이 아니었다면, 잘 모르겠다. 수년간의 외국 생활로 이방인이 얼마나 쉽게 주눅드는지 안다. 어쩌면 아이의 손을 잡고 돌아가며 '사실, 거기 별로 재미없어…'라고 말하며 추방당한 비참함을 무마해보려고 할지도 모른다. 내가 L이었다면, 나도 울었을 것이다. 그건 장담할 수 있다.

"이 시국에" "이런 애들"이라고 말한 그 사람도 바이러스가 어떤 인종의 유전자에 각인되어 있다고 생각하나보다. 그렇지 않고서야 코로나가 창궐한 미국이나 유럽도 아닌 아프리카 출신 아이에게, 더욱이 계속 한국에서 살았던 아이에게, 바이러스를 핑계 삼아 '우리' 곁에 오지 말라고 말할 수 없다. 그이에게 센터 아이들이 키즈카페에 입장해서는 안 되는 근거를 대라고 차근히 물어보면, 대답은 궁색할 수밖에 없을 것이다. 무슨 이유를 찾아 댄다 하더라도 양파껍질처럼 하나씩 벗겨나가면 최종적으로 남는 것은 "싫다"라는 혐오감정일 것이다. "이 시국"은 자칫하면 인종적 혐오의 고삐를 풀어놓는 폭력의 시국이 될 수 있다.

이 사건을 알게 된 센터장은 강력히 항의하기로 마음먹었다. '이 시국이기 때문에' 더욱더 단호해야 했다. L도 함께 가기로 했다. L은 마땅히 정중한 사과를 받아야 한다. 인솔 교사도 힘이 났다. 분명 약속한 시간에 갔는데 주인은 없었다. 직원은 사장님이 언제 돌아오실지 모른다고 했다. 그럼 돌아오실 때까지 기다리겠다고 하니, 머뭇거리면서 전화 연결을 해주었다. 결국 전화로 이야기하는 수밖에 없었다. "사장님, 아이들의 피부색을 이유로 입장을 거부한 것은 차별금지법이 시행되면 명백히 불법인 것 아시죠? 이건 명백히 잘못된 일입니다. 어떤 특징을 가진 이가 들어오는 것이 불편하다고, 아예 들어오지도 못하게 하는 것은 가장 대표적인 차별입니다." 주인은 죄송하다고 했다. 얼굴도 안 보고 사과를 받을 수는 없다. 나중에 L에게 직접 사과하겠다는 약속을 받았다.

L에게는 대신 단호하게 항의해줄 사람이 있었지만, 그항의에는 한계가 있을 수밖에 없다. 센터장의 "차별금지법이 시행되면 명백한 불법"이라는 말은 지금으로서는 불법도 뭣도 아니란 말이다. 법은 시행될 예정도 없다. 그러니이런 항의가 얼마나 큰 힘을 발휘하겠는가? 차별금지법이있었다면 애초에 이런 일은 벌어지지 않았을지도 모른다. 한국인 보호자는 그렇게 쉽게 차별 발언을 하지 못했을 거고, 설혹 그랬다 하더라도 주인은 차별금지법을 근거로 손님의 항의를 반박할 수 있었을 것이다.

## 차별금지법, 혐오표현을 막는 최소한의 장치

2020년에 우리는 많은 것을 경험했다. 몰랐던 것을 알게 되었다기보다는 어렴풋이 알고 있었던 것이 분명해졌다고 해야 할 것이다. 애초에 모르던 것이 아니었으니, 사실 문제의 답도 다 알고 있다. 그러니 문제를 해결하기 위해서는 그동안 미루어두었던 일을 하면 된다. 차별금지법시행도 그중 하나다.

앞서 언급한 영국의 '평등법'은 포괄적 차별금지법 역할을 한다. 2010년, 기존의 관련 법을 통합해 제정한 평등법은 나이, 성별, 장애, 인종, 임신과 출산, 종교 또는 신념, 혼인 또는 동성결혼, 성전환, 성적 지향 등 아홉가지를 차별로부터 '보호받는 특징'(protected characteristics)으로 규정했다. 모든 시민은 이러한 특징을 이유로 일터, 교육, 보건, 교통, 기타 모든 공공 서비스에서 차별받아서는 안 되고, 주거 소유와 임대, 상품 구입, 단체 가입 등에서 배제되어서도 안 된다. 차별을 경험한 사람은 차별한 사람이나 기관에 직접 항의할 수 있고, '중재자'에게 도움을 요청할 수 있고, 법적 소송을 할 수 있다. 그러니 이를테면 중국인이라고 일터에서 해고하고 식당 입장을 거부하거나 흑인이라고 버스에서 내릴 것을 요구하고 놀이터 입장을 막아서는 안 된다. 영국 사람들 중에도, 이 시국에 중국 사람들과 일터와 학교에서 섞이고 싶지 않은 사람들이 있을 테고, 가게에 '중국인 출입금지' 표시를 달고 싶은 사람도 있을 거다. 그렇게 하는 것은 개인의 자유지만, 그에 따르는 법적 처벌도 감당해야 한다.

'보호받는 특징'을 지닌 사람을, 바로 그 이유 때문에 공격하게 되면 그건 '혐오범죄'(hate crime)가 된다. 코로나19가 시작된 이래 중국인이라고, 아시아인이라는 이유로 폭행, 모욕, 위협을 당했다면 그것은 모두 혐오범죄다. 혐오범죄는 일반 범죄보다 두배 가중 처벌될 수 있다. 영국 경찰청은 2020년 들어 극우집단이 코로나 바이러스를 핑계 삼아 아시아인을 공격하는 사례가 증가했다며, 이런 혐오범죄에 단호히 대처하겠다고 했다.[3] 이런 뉴스를 들으면 7할은 두렵고 3할은 안심된다. 아시아인을 대상으로 한 모욕과 폭행이 늘어난다는 것은 두렵지만, 혹시라도 내가 어떤 공격을 당했을 때 혐오범죄로 신고할 수 있다는 것은 그나마 다행이다. 이런 장치가 있다는 것만으로도 약자에게는 기댈 언덕이 된다.

물론 차별금지법이 있고, 혐오범죄를 가중 처벌한다고 해서 인종차별 문제가 해결되는 것은 아니다. 이런 법은 사회의 제도적 인종주의(institutional racism)를 고쳐나가고, 일상적 인종주의가 폭력적으로 발현되는 것을 제어하는 시작일 뿐이다. 그래도 법은 최소한의 도덕이라고, 사람들에게 해서는 안 되는 최소한의 기준을 제공한다.

✳

2020년 여름, 코로나19가 인종적 소수자(BAME : Black, Asian, and Minority Ethnic)에게 더 가혹했다는 정부보고서가 발표되어 충격을 주었다.[4] 가장 감염율이 높은 인종집단은 흑인 남성이었다. 그들은 코로나19에 감염될 확률이 백인 남성에 비해 거의 세배에 달했다. (내게 중국음식점 앞에서 마스크를 쓰라고 했었던 그 거구의 남자는 흑인이 었는데, 그는 사실 나보다 훨씬 더 감염에 취약한 인종적 소수자였다. 그러니 그는 내게 소리치는 것이 아니라, 불평등한 사회를 향해 개선을 요구했어야 했다.)

흑인과 아시아인이 바이러스 감염과 사망에 더 취약한 것은 장기간의 사회 불평등이 코로나19 상황에서 가시화된 것이고, 소수자를 향한 인종주의와 차별, 낙인이 상황을 악화시켰다는 보고서도 나온 바 있다.[5] 영국 정부는 이 문제를 더 조사했고 평등청은 그 원인을 분석하고 개선방안을 제안하는 분기별 보고서를 발표했다.[6] 인종적 소수자들은 배달이나 간병처럼 감염병에 취약한 대면 노동을 하며 열악한 주거공간에서 여러명이 함께 살고 있고, 언어장벽과 사회적 편견으로 정부의 지원을 제대로 받지 못하고 있다. 이를 해결하기 위해 BAME 집단의 감염 상황에 대한 보다 정확한 조사를 실시하고, 이들을 지원하는 재원을 마련하고, 지역에서 이들을 도울 수 있도록 종교기관과 지역 커뮤니티 네트워크를 활용하고, 방역과 관련된 정보는 여러 언어로 제공하고 통역 서비스를 활성화해서 소통 문제를 개선한다는 것이다. 이런 문제는 한국도 마찬가지일 거다(한국에도 코로나19가 드러낸 사회적 약자에 대한 공식적 조사가 있었는지, 있다면 그 원인을 어떻게 보고, 어떤 대책을 마련했는지가 궁금하다). 코로나19는 없는 문제를 만드는 것이 아니라, 기존에 있었던 문제를 눈에 볼 수 있게 드러내는 리트머스지 역할을 했다.

나쁜 소식이지만, 좋은 징조이기도 하다. 원래 있었는데 가려져 있던 것이 분명히 드러났다. 드러나면 해결의 실마리도 찾을 수 있다. 이제부터 하나씩 따져나가야 한다.

낙관하지는 않는다. 인종주의는 역사적으로 오래되고, 사회경제적 불평등과 얽혀 있으며, 사람들의 의식 속에 깊이 뿌리 박혀 있어서 쉽게 사라지지 않을 것이다. 법과 제도로 바꿀 수 없는 것도 많다. 교육, 사회운동, 약자들의 연대, 마주 앉은 대화, 내 마음속을 들여다보는 성찰도 필요하다. 갈 길은 멀지만 필요한 일을 차근차근 해나가야 한다. 차별금지법에 대한 논의를 다시 시작하는 것도 그 실천의 하나이길 바란다. '내가 나이기 때문에' 모욕당하는 것을 법으로도 허용하는 한, 혐오 바이러스의 확산은 정말이지 막을 길이 없다.

# 마스크 아래의
# 민낯

김산하

가면 바로 볼 줄 알았다. 밀림에 들어서는 순간 수풀에서 무언가 후다닥 튀어나와 나를 반기겠지. 눈을 돌리는 데마다 생물이 꿈틀거리는 상상에 들떴었다. 하지만 실상은 달랐다. 생명의 보고인 열대우림에 대한 로망을 품은 지 수십년 만에 들어간 숲은 생각보다 차분하고 조용했다. 그렇게 나는 그곳에 처음으로 들어갔다.

오랫동안 기다려온 순간이라 지금도 기억이 선하다. 밀림에 첫발을 들여놓던 그 입성의 순간 말이다. 이렇게 정말로 들어서는구나, 나는 속으로 되뇌었다. 방금 전까지는 익숙한 내 세상이었지만, 다음 발자국부터는 야생의 왕국이다. 하지만 날 가장 먼저 반기는 것은 모기와 파리 등, 나로선 썩 반갑지 않은 녀석들이었다. 정작 내가 보고 싶은 생물은 쉽게 모습을 드러내지 않았다. 종종 새가 푸드 덕 날아가고 신기한 곤충이 기어갔지만 어릴 적 그림책에서 봤던 것처럼 동물의 왕국 전체가 눈앞에 펼쳐지지는 않았다.

생물은 기본적으로 숨고자 한다는 사실을 그때 나는 분명히 깨달았다. 그들은 시선에 노출되는 것 자체를 꺼린다는 것을. 자연계에서 타자의 눈이 내게 초점을 맞추고 있다는 것은 보통 나쁜 소식이기 때문이다. 그래서 그들은 웬만해서는 숨길 원한다. 나무 위로, 덤불 뒤로, 구멍 안으로 들어가 외부의 시선으로부터 자유롭고자 한다. 자연의 수많은 보물과 비밀은 이렇듯 장막 뒤로 몸을 가린 채 감춰져 존재한다.

그런데 코로나19 사태가 터지면서 세계적으로 기이한 현상이 나타났다. 동물들이 모습을 드러내기 시작한 것이다. 대낮에 도로 한복판에, 도심 한가운데에 오리, 염소, 원숭이, 사슴, 자칼, 멧돼지, 펭귄들이 버젓이 활보하는 장면이 세계 곳곳에서 포착되었다. 해변엔 홍학 떼가, 연안엔 돌고래 무리가 돌아왔다. 문명이 멈추고 인간들이 한발 물러서자, 갑자기 텅 빈 거리를 두리번거리며 조심스럽게 걸어나온 것이다. 바이러스를 피해 집 안에 틀어박힌 사람들은 휘둥그레 쳐다보았다. 자연이 스스로 베일을 벗는 모습을 말이다.

하지만 구경거리도 잠시, 동물들은 부리나케 무대를 떠나야 했다. 사람들이 돌아왔기 때문이다. 한동안은 뜸할 줄 알았는데 벌써 돌아온 것이다. 그런데 이번엔 뭔가 다르다. 모두 얼굴을 가리고 있다. 예전과는 달리 극도로 서로를 피하고 거리를 지킨다. 직접 물리적으로 하던 일은 대거 온라인으로 이동하고, 소독약과 세정제가 다량으로 소비된다. 그리고 쓰레기, 한번 쓰고 버리는 것들이 대폭 늘어났다. 팬데믹에 대응한 체계가 작동된 것이다.

'절박한 상황엔 절박한 조치가 필요하다'라는 말처럼 사상 초유의 팬데믹엔 사안의 중대함에 상응하는 반응이 요구된다. 마스크를 챙기지 않고는 외출 자체가 불가능해진 일상이 이를 방증한다. 거주 이전의 자유라는 기본권까지 제한할 정도로 평소 같으면 상상할 수조차 없이 제한적인 코로나 시대의 새 규칙들도 심각한 상황에 따른 불가피한 조치로서 수용되었다. 세계의 다른 나라에 비해 상대적으로 방역에 성공한 축에 속하는 한국의 코로나 대응책이 일종의 자랑거리로 회자되는 이유도 여기에 있다. 하지만 절박하다고 해서 평소에 중요했던 모든 기준이 일시에 사라지는 것도, 다른 제반 사항은 깡그리 무시해도 되는 것도 아니다. 그냥 절박하기만 한 것이 아니라, 절박하면서도 지혜로운 조치가 필요한 것이다.

지혜롭다는 말의 의미를 한번 되새겨보자. 그것은 정확

함과 현명함을 동시에 구비하고 있을 때 어울리는 수식어이다. 전자가 당면한 문제 자체에 관한 판단력이라고 한다면, 후자는 그 문제가 놓인 전체적 맥락에 대한 판단력이라 할 수 있다. 동시에 지금 당장에 대한 즉각적 판단과 함께, 이후의 여파에 대한 통시적 판단도 똑같이 중요하다는 뜻도 포함된다. 바로 이러한 지혜의 견지에서 코로나19 사태에 대한 우리 사회와 세계의 반응이 너무 절박한 나머지 혹시 지혜롭지 못했던 건 아닌지 돌아볼 필요가 있는 것이다. 왜냐하면 지금이야말로 그 어느 때보다 깊고 넓은 지혜가 절실한 때이기 때문이다.

이런 비상시국에 그 무슨 호사스런 소리냐고 한다면 그것이야말로 크나큰 오산이다. 그 이유는 간단하다. 코로나19 사태만 비상시국이 아니기 때문이다. 세상은 속성상 다면적·다차원적이고 수많은 상황이 동시에 벌어지고 동시에 진행되는 곳이다. 여러개의 우주가 같이 돌아간다. 그중 한가지에 잠시 집중할 수는 있지만, 나머지를 잊을 정도로 몰입할 수는 없다. 그랬다간 결국 더 큰 문제를 등지는 꼴이 되기 때문이다. 특히 그 우주들이 서로 긴밀하게 엮이고 연결되어 있을수록 하나에 지나치게 치중하는 것은 위험하다.

문제의 비상시국이 단기간에 벌어지고 끝나는 일이라면 다른 모든 것을 잠시 잊더라도 용인될 수 있다. 하지만 지금처럼 사태가 이미 1년 넘게 장기화되고 있다면, 더이상 비상체제의 논리가 그 밖의 모든 고려 사항을 압도하는 것은 부당하다. 바로 이런 의미에서 대응의 정도를 두고서 '과한 게 맞는다'라는 식의 말은 옳지 않다. 과한 게 적절하다고 말하는 순간, 과함과 적절함의 개념 모두가 의미를 상실한다. 과한 줄 알고도 상황에 따라 시행할 수는 있으나, 과하다는 판단 자체는 고수되어야만 그 과함의 정도가 조절 가능해진다. 그렇지 못할 때, 즉 과함 자체가 마치 맞는 것처럼 얘기될 때 균형감각은 손상되기 시작한다.

대체 뭐가 과하다는 건가? 그저 과한 것만을 얘기하려는 것이 아니다. 코로나19 때문에 난리를 치느라 한참 뒷전으로 밀린, 그러나 절대로 그래서는 안 되는 것들에 대한 얘기다. 바로 마스크로 상징되는 코로나19의 대응책에 까맣게 가려진 것들이다. 어쩔 수 없는 것이 아니다. 반드시 이걸 완전히 희생해야만 저걸 달성하는 그런 구조도 아니다. 여러가지 문제를 동시에 취급하며 어느 쪽도 완전히 손을 놓지 않는 길은 웬만하면 열려 있다.

언제나 그래왔듯이 이번에도 마찬가지였다. 가장 뒷전으로 밀린 것은 이번에도 역시나 자연, 자연, 자연이다. 주변 환경 따위에 신경 쓸 때가 아니라는 사고방식이 일으킨 문제가 바로 코로나19 같은 사태인데도 말이다. 적어도 발병 초기만 해도 이렇진 않았다. 야생동물 거래와 서식지

파괴, 공장식 축산 등이 근본 원인으로 지목되면서 인간이 자연을 대하는 방식에 대한 비판이 심심찮게 제기되었다. 하지만 마치 마스크를 쓰면서 모두 함구하기로 합의한 것처럼 목소리는 싹 들어갔다. 대신에 모두 마스크, 마스크, 마스크만을 외쳤다.

마스크는 물론 착용해야 한다. 그걸 하지 말라는 것이 아니다. 하지만 21세기의 이 시점에서도 여전히 사물의 여파 따위는 생각조차 않고서 뭔가를 결정한단 말인가? 가령 아직도 쓰레기 문제를 문제로 여기지 않는 채로 진도를 나가겠다는 것인가? 감염병과 종류는 달라도 쓰레기도 엄연히 중대한 문제이다. 쓰레기 문제에 굳이 눈을 질끈 감으면서 코로나19에 대응해야 하는 어떤 불가항력의 이유가 있는 것이 아니다. 그것은 결국 하나의 선택일 뿐이다.

아무리 중대한 위험이 걸린 일이라도 선택은 일어난다. 가령 마스크만큼이나 감염 예방에 중요한 것은 환기 및 공기 순환이다. 독일의 실내 공연장을 대상으로 한 연구에 의하면 다중이용시설에서 전염을 막는 데 있어서 환기가 마스크보다 더 중요한 것으로 나타났다.[1] 이러한 이유로 인해 독일 정부는 학교, 사무실, 박물관, 공연장 등의 환기 시설을 전격 개선하기 위해 5억 유로를 투자하기로 결정했다. 상식적으로 생각해도 이치에 맞는 얘기이다. 공기 중에 바이러스 입자가 퍼져서 감염이 되는 거라면 그 공기를 자주 갈아줘야 마땅하다.

이를 인지한 상태에서 우리의 모습을 돌아보자. 굳게 닫힌 창문들에서 확인할 수 있듯이 환기는 이상하리만치 평가절하당한다. 심지어는 바이러스가 한창이던 여름철에도 모두 창문을 여는 대신 냉방을 택했다. 2020년 8월 파주 스타벅스에서 에어컨 바람을 타고 이동한 바이러스 덕에 66명이 집단감염되는 사태가 발생했지만 전국적으로 환기 열풍이 불기는커녕 에어컨 가동은 계속됐다. 마스크에 대한 강조에 비하면 거의 의도적인 수준으로 무시당한다고 볼 수 있다. 그렇다. 바로 의도된 선택이다. 냉방만큼은 목숨을 위협할지라도 포기할 수 없다는 것이다. 환기는 마스크만큼이나 필요한 조치이지만 그냥 안 하기로 한 **선택**이다.

모든 것은 선택이라는 사실을 강조하는 이유는, 코로나에 대응하기 위해 굳이 자연을 망각 또는 무시할 이유가 없다는 것을 말하기 위함이다. 아니 지금이야말로 절대로 그래서는 안 되는 때이다. 오히려 어느 것 하나 놓치지 않고 모든 걸 챙겨야만 진정한 대응 또는 해결책이 되는 시대임을 잊지 말아야 한다. 항생제를 주입하며 내성을 우려하고, 연료를 연소하며 배기를 염려하고, 휴지통에 버리면서도 고래 배 속을 걱정하는 시대. 그것이 현대다.

그 시대정신은 어디로 간 것일까? 마스크부터 살펴보

자. 코로나19 사태로 인해 전 세계에서 약 1,940억개의 일회용 마스크와 장갑이 매달 버려지는 것으로 추산된다.[2] 중국에서는 발병이 한창이던 지난 2월에 평소의 열두배에 달하는 1억 1,600만개의 일회용 마스크가 생산 및 소비되었다.[3] 버려진 마스크들이 바닷속에서 유령해파리 떼처럼 떠다니는 광경이 곳곳에서 목격되는 이유이다.[4] 홍콩 해변에서는 고작 100미터 구간에서 마스크 70개가 발견되기도 하였다.[5] 우리 국민 전체가 일회용 마스크를 이틀에 하나 꼴로 사용한다고 가정하면, 쓰고 버려진 마스크를 전부 이으면 두달 만에 지구를 다섯바퀴 감고도 남는 길이에 이른다.[6]

이조차 이미 봇물 터진듯 매일 쏟아지는 엄청난 양의 쓰레기에 얹어지는 추가분이다. 팬데믹으로 발생한 쓰레기의 75%가 매립되거나 바다로 유입될 것이라고 UN은 추산한다.[7] 그렇다면 당연히, 너무도 당연히 마스크 정책은 쓰레기 정책과 나란히 펼쳐져야 한다. 그러나 탁 트인 비(非)밀집 야외 공간에서조차 마스크 착용을 강요할 정도로 과도한 정책을 펼치면서, 바로 그것이 발생시키는 쓰레기에 대한 고려는 아예 낌새조차 없다. 마스크와 쓰레기라는 두가지 세계를 대하는 자세의 극명한 대비는 실로 충격적이다.

일회용 마스크는 결국 플라스틱 폐기물이다. 비닐과

플라스틱 쓰레기에 엉켜 형언할 수 없는 고통을 겪다 죽는 생물들의 참상은 검색 한번으로 쉽게 확인할 수 있다. 코로나 이전에도 이미 한국산 플라스틱 쓰레기 조각 약 300억개가 바다에 퍼져 있고, 그것이 매년 최소 5,000마리의 바닷새, 500마리의 바다 포유류의 죽음을 초래하는 것으로 추산된다.[8] 바다거북은 플라스틱 한조각만 먹어도 사망률이 5분의 1에 이를 정도로 치명적이다.[9]

다른 동물까지 갈 것도 없다. 버려진 플라스틱 쓰레기는 미세플라스틱이 되어 이미 우리의 식탁에 오르고 있고, 1인당 매주 신용카드 한장분의 플라스틱을 섭취하고 있다는 것이 만천하에 알려져 있다. 상황이 이 지경인데도 '급하니 일단 쓰고 보자' 식으로 코로나 시대의 첫해를 보낸 것이 여전히 괜찮게 느껴진다면, 뭐가 잘못돼도 제대로 잘못된 것이다.

상황은 첩첩산중이다. 안 그래도 2018년부터 중국이 재활용 쓰레기 수입을 금지하면서 대란이 난 데다, 코로나19의 여파로 재활용 쓰레기의 수출길이 아예 꽉 막혀 정부가 공공비축까지 하게 된 마당이다. 여기에 인천시는 5년 뒤에 수도권 쓰레기 매립장을 종료한다고 선언할 정도로 국내 수용력은 이미 턱밑까지 차올랐다. 바로 이러한 맥락 하에서 마스크 외에도 코로나19의 여파로 급증한 여타의 쓰레기 문제를 조망해야 한다. 왜냐하면 쓰레기 수용 및 처리 문제는 아예 없는 것처럼 여긴 채 작정하고 쓰레기 증가를 방조했기 때문이다.

사회적 거리두기의 단계가 완화된 상태에서도 일회용 컵만 제공하는 수많은 카페에서 그 이유를 물으면 코로나19 관련 정부지침이라는 답이 돌아온다. 그걸 질문이라고 하느냐는 표정의 점원이 철석같이 믿고 있는 바는 물론 균이 도처에 있으니 한번 쓰고 버리는 걸로 해야만 안전하다는 생각이다. 그러나 유독 카페에 한해서 일회용품이 절대적으로 사용되어야 할 이유는 없다. 같은 논리를 식당에 적용한다면 모두 일회용 수저와 그릇으로 교체해야 하지 않겠는가? 남이 쪽쪽 빨았을 것이 분명한 숟가락을 내 입에 넣는 것은 세척으로 살균이 된다는 간단한 사실 덕분이다. 머그잔만 유달리 찝찝하다고 하는 건 명백한 모순이다.

일회용 쓰레기의 주범인 테이크아웃 음료는, 수많은 이들의 생계가 걸려 있는 여러 업종을 영업정지시키는 와중에도 늘 굳건히 보호되었다. 침묵 속에서 책 읽는 도서관과 조용히 듣기만 하는 강연조차 교육과 학습의 고결한 역할에도 불구하고 일절 금지되어야 마땅하지만, 누구나 혼자 타 마실 수 있는 커피는 제아무리 쓰레기를 양산하더라도 지속되어야 한다는 식이다. 덕분에 천신만고 끝에 2018년에 겨우 시행된 카페 내 일회용 컵 금지법은 단번에 휴지조각이 되어버렸다. 당시에도 재활용 대란이 터지자 뒤늦게 시행된 조치였고 따르지 않는 매장이 수두룩했지만 그때라도 시작해서 다행이었다. 이젠 다 물거품이 되었다.

물론 음료만이 아니다. 환경부에 따르면 생활폐기물이 전해보다 11.2% 늘었고, 그중 종이가 29.3%, 플라스틱이 15.6% 증가했다.[10] 2020년 온라인쇼핑 중 음식 서비스의 증가율은 전년 대비 무려 83%나 치솟았다.[11] 이런 상황에서 환경부가 하는 일이라곤 고작 설문조사나 시범사업 수준이고, 배달의민족은 일회용 수저 안 받기 옵션을 앱에 조그맣게 포함시키는 정도의 극한적인 안이함과 소극성을 보이고 있다. 웬 설문조사? 쓰레기 문제의 심각성에 대한 일반인의 인식이 높으면 처리를 하고 낮으면 안 하겠다는 것인가? 프랑스 한 업체는 폐마스크를 플라스틱으로 재활용하는 기술을 개발하는 마당에 우리는 줄기차게 버리느라 바쁘다.

플라스틱이라는 재질을 사용하기만 하면 마치 만사형통인 것처럼 여기는 문화는 비과학적 사고의 극치이다. 오히려 코로나 바이러스는 섬유나 유리보다 플라스틱에서 더 오래(6~9일) 생존한다. 일회용 장갑을 끼고, 일회용 컵에 담아, 일회용 비닐에 몽땅 넣어, 배달을 해줘도 그 위로 비말만 뿌려지면 말짱 도루묵이다. 쓰레기 양산이라는 이유 때문에도 그렇지만, 일회용품이 바이러스를 피하는 왕도가 아니기에 과도한 사용은 정당화될 수 없다.

바이러스에 촉각을 곤두세우는 동안 막후에선 끔찍한 일들이 벌어졌다. 지구의 허파인 아마존 밀림의 벌채가 늘어났다. 코로나19로 감시가 소홀해진 틈을 타 2020년 4월 삼림훼손 면적은 전년보다 64% 증가했다.[12] 관광으로 유지되던 아프리카 사파리에선 밀렵이 증가했다. 2020년 보츠와나에서 최소 6마리, 남아공에서 최소 9마리의 코뿔소가 봉쇄기간 동안 살해되었다.[13] 각국에서 조성한 재난지원금의 상당 부분이 광산 또는 화석연료 산업에 수혈되었고 이런 산업의 환경파괴에 대한 규제는 대폭 완화되었다. 모든 인력과 자원을 코로나19에 쏟아붓는 동안 자연에 대한 갈취와 유린과 파괴는 더욱 가속화된 것이다.

그런데 그중에서도 가장 모순적이고 절망적인 현상을 하나 꼽으라면 단연 이것이다. 바로 코로나19에 대응한답시고 기후위기를 망각한 우리의 작태이다. 입은 비뚤어져도 말은 똑바로 하자. 지구의 생명권 전체를 위협하는 기후변화보다 중대한 위기는 없다. 그에 비하면 코로나19는 애송이 수준이다. 지구 평균기온 상승폭을 1.5도 이내로 묶어둘 마지막 기회가 고작 10년밖에 남지 않은 상황에서도 우리는 이를 '잠시 제쳐놓자'는 태도를 취한 것이다.

팬데믹 초기에는 가능성을 엿보았다. 공장과 비행기가

멈추자 파란 하늘이 돌아왔다. 연안에 고래가 돌아오고 베니스의 수로엔 거의 처음으로 맑은 물이 흘렀다. 실제로 2020년 4월 세계가 배출한 이산화탄소는 25%, 질소산화물은 30% 감소하였다.[14] 이렇게 지구가 기후위기조차 스스로 해결하려 하는구나, 사람들은 속삭였다. 그러나 희망은 이내 절망으로 변했다. 지구촌이 서서히 재가동하면서 6월의 배출량은 전년 대비 불과 5% 낮은 수준으로 회복됐다.[15] 세상이 올스톱한 효과도 기온상승폭을 겨우 0.01도 줄이는 데에 그치고 만 것이다.[16]

안 그래도 기후악당 국가로 악명이 높은 한국은 이 와중에 그 명성에 걸맞게 공허하기 짝이 없는 '그린 뉴딜'을 발표했다. 세계 7위 온실가스 배출 국가가 구체적인 감축 목표조차 없는 계획을 발표하면서 녹색 운운하는 뻔뻔함은 아연실색할 만하다. 재난지원금은 개인 소비재 중 탄소 배출량이 가장 높은 한우 등의 육류 소비에 대폭 사용되었고,[17] 국제적 퇴출 대상 1호인 석탄화력발전소를 줄이기는 커녕 정부는 국내에 7기, 해외에 3기를 신설하려 추진 중이다. 하지만 비판에 불구하고 'K-방역'의 자화자찬이 이 모든 걸 무마하기라도 하듯 변화의 조짐은 살펴볼 수 없다.

비단 우리나라만의 일은 아니다. 2020년 11월로 예정되었던 기후변화협약 정상회의(COP26)가 코로나19로 인해 1년 연기되었다는 소식은 가히 충격적이었다. 그 흔한 온라인 개최도, 몇개월도 아니라 1년? 그래서 젊은이들이 나섰다. 10대가 중심이 되어 141개국 350명의 대표가 참여하는 모의회의를 온라인으로 열기로 한 것이다.[18] 적어도 이들은 마스크만 쓰고 가만히 기다리면 모든 게 나아질 거라고 믿는 소위 '착한' 아이들은 아니다.

다 큰 어른들이 모여 하는 일이 이토록 엉망일 때 결과는 하나이다. 실망과 믿음의 상실이다. 그리고 그것이 키우는 것은 절망이다. 세상이 무너지는데도 그 세상의 극히 일부분만 신경 쓰면서 마치 맡은 바 소임을 다한 것처럼 행세하는 태도가 일반화된 세상. 그것이 얄팍한 마스크 한 장만 벗으면 드러나는 우리의 민낯이다. 마스크로 얼굴을 덮었다고 해서 오감을 닫지는 말자. 당장 눈앞에 있지 않아도 가능성으로 꿈틀대는 자연의 회복력과 원대함을 떠올리며 모든 건 우리 하기 나름이라는 간단한 진리를 상기하자. 그래야 위기를 극복함으로써 되찾으려는 그 삶이 비로소 생명다운 면모를 갖출 수 있을 테니까.

# 누가 이 세계를
# 돌보는가

채효정

돌봄이 무너졌다. 나는 다른 무엇보다 돌봄의 위기를 코로나19 이후 우리 앞에 도래한 가장 큰 위험으로 읽는다. 재난이 없을 수 없다. 그럴 때마다 만물은 서로 돌본다. 그런데 지금은 서로 도울 수 없는 상황이 되어버렸다. 돌봄이 가장 필요한 순간에, 가장 절실한 곳부터 돌봄이 중단되었다. 어떤 이들은 돌봄이 닿지 못해 죽고, 어떤 이들은 돌봄의 무게에 깔려 죽고 있다. 잘 작동하던 돌봄 시스템이 팬데믹으로 무너진 것이 아니라, 그동안 문제없어 보이던 것들이 사실은 심각한 문제를 안고 있었음이 드러나는 것이다.

우리는 바이러스가 전하는 메시지를 제대로 듣고 있는 것일까? '접촉'하면 병이 옮는다는 이유로 우리는 손을 잡지도, 서로 안지도, 만나지도 못하고 있다. 타인으로부터 자신을, 자신으로부터 타인을 격리시킨다. 연결되고 도울 수 있는 길을 아직 찾지 못했는데, '언택트'가 '뉴노멀'이라는 선언은 벌써 요란하다. 전문가들은 전쟁이 난 것처럼 적을 퇴치하고, 정상을 되찾아야 한다고 입을 모아 말한다. 그들이 되찾으려는 것은 어떤 정상성일까. 정부는 이번 계기에 교육 모델을 아예 미래형 비대면 온라인 학습으로 전환하겠다고 한다. 의료 분야에선 원격진료를 허용하겠다고 한다. 나의 마음은 저항한다. 보고 싶고, 만나고 싶고, 만지고 싶고, 안고 싶다. 그러나 이것은 생각조차 금지다. 전시 상황이니까. 모든 것이 중단되어야 했다. 사람들은 마스크로 얼굴을 가리고 휴대폰과 카드 사용 기록으로 이동 데이터를 내놓아야 했다. 아이들이 학교에 가지 못해도, 어른들이 직장을 잃어도, 집회와 시위가 금지되어도 참아야 했다. 민주주의는 거짓말처럼 사라져버렸고, 안전 제일주의만 남았다. 그러나 여기에 대해 질문하는 것은 금지다. 비상 상황이니까. 방역 체제는 바이러스뿐 아니라 모두를 서로의 잠재적 적으로 만든다. 적들을 퇴치하면 우리는 정말로 안전해질 수 있을까? 적대와 혐오의 언어가 넘쳐났지만 코로나는 끊임없이 서로의 도움과 돌봄을 청했다. "도와주세요." "당신들이 필요해." "사람들을 돌봐줘요."

팬데믹은 세계를 덮쳤지만 그 양상은 예상과 달랐다. 가장 안전할 것으로 예상했던 북구의 부유한 나라들이 가장 위험했다. 반대로 가장 위험할 거라 생각했던 나라들이 상대적으로 더 안전했다. 대규모의 사망자가 나온 곳은 동남아시아 국가가 아니라 미국이었고, 영국, 프랑스, 이탈리아가 무너진 반면 캄보디아와 베트남은 안전했다. 아프리카로 감염이 확산되면 치명적일 것이라던 초기 예상과 달리, 아프리카 국가들은 기적적으로 낮은 감염율과 사망률을 보여주고 있다. 미국은 전 세계로 최첨단 의료기기를 수출하는 GE(General Electrics) 같은 글로벌 기업, 고가의 의료 장비와 의약품을 갖춘 병원을 가졌지만 막상 감염병이 닥치자 의료진에게 나눠줄 마스크조차 충분히 확보하지 못했다. 반면에 가난한 농업국가인 쿠바는 자국의 방역은 물론, 이탈리아를 돕기 위해 의료진을 파견할 만큼 안정적인 의료 체계를 구축하고 있었다. 자본과 기술보다 돌봄과 연대의 관계망이 남아 있는 곳이 안전했고, 풍요롭지만 양극화된 선진국보다 '고르게 가난한' 나라들이 더 안전했다. 글로벌 시장에 종속적일수록, 불평등이 심할수록, 자본·노동·인구의 유동성이 큰 나라일수록 더 위험했다. 이런 결과들은 신자유주의가 설파해온 시장 만능주의 신화에 대한 의문을 제기한다. 그동안 자본주의는 필요한 모든 것은 시장에 다 있다고 설파해왔다. 돈만 있으면 모든 것이 해결된다. 돌봄도 시장에서 구입할 수 있는 서비스가 되었다. 자본주의 경제는 시장을 통해 서로가 서로를 돌보지 않아도 되는 사회를 창조했다. 하지만 시장이 마비될 때 사회가 어떤 위험에 빠지는지 팬데믹이 보여준 것이 아닐까? 돌봄이 시장화되지 않은 곳들이 상대적으로 안전했던 것이 위기의 역설이라면, 이것으로부터 우리는 무엇을 배워야 할까?

## 조용한 학살, 여자들의 전쟁

자본주의 경제는 기본적으로 전쟁경제에 기반한다. 전쟁경제는 가부장적 남성경제의 오래된 모델이다. 자금을 '실탄'에 비유하고, 노동자를 '전사(병사)'로 호명하는 것은 단순한 비유가 아니다. 자원 약탈을 위한 실제의 침공부터 기업의 인수합병 '작전'까지, 자본가들의 경제는 '땅 따먹기(정복)'와 '재산 늘리기(수탈)'라는 고대로부터의 귀족-전사들의 전쟁경제과 동일한 프레임을 공유한다. 자본주의 경제는 국가 간의 전쟁만 아니라, 자연에 대한 전쟁, 생명에 대한 전쟁, 지구에 대한 전쟁, 여성에 대한 전쟁, 노동자에 대한 전쟁을 통해 성장해왔다. 경제를 전쟁의 관점에서 바라보는 사고는 재난도 침략으로 규정한다. 재난이 침략이라는 이런 인식은 냉전 이후 유엔개발계획(UNDP)에서 제출한 '인간 안보'(human security)라는 새로운 안보 개념에 의해 발전해온 것이다. '인간 안보'는 냉전 시대 국제적 상호 안보 체제의 중심 개념이었던 '국가 안보'를 대체하는 개념으로, 금융위기, 식량위기, 기후위기, 그리고 지금 같은 감염병위기 등 질서를 위협하는 현상을 모두 안보 담론으로 재구성했다. 이를 통해 '테러와의 전쟁'이나 '폭력과의 전쟁'처럼 사회를 위협하는 세력에 대한 내부로의 전쟁 체제가 상시화되었고, 종종 민주주의를 중단시키는 비상사태를 정당화하는 명분이 되기도 했다. '질병과의 전쟁'도 마찬가지다. 코로나19 바이러스도 경제 질서와 지배 질서를 위협하는 침략자로 인식되고 있다. 재난이 침략이기 때문에, 방역은 전쟁이고 코로나19 감염 사망자는 전사자처럼 집계된다. 그러나 전쟁이 일어나면 전장보다 그 바깥에서 더 많은 사람들이 죽는데도 그 조용한 학살들은 은폐되듯이, 직접적인 재난 피해자로 드러나지 않는 희생자들도 조용히 은폐된다. 방역이 성공하고 있다는 말 뒤에는 숨겨진 희생자들이 있다.

1,924명이 죽었다고 한다. 중앙자살예방센터가 잠정 집계한 2020년 1월부터 6월까지 6개월 동안 자살한 여성의 숫자다. 눈을 의심했다. 이 죽음을 어떻게 해석해야 할까? 2019년 한해 동안 산업재해로 사망한 노동자는 2,020명이

다. 하루에 6명의 노동자가 집으로 돌아오지 못한다는 사실도 충격적인데, 그 두배에 달하는 여성들이 매일 스스로 목숨을 끊는다는 사실이 믿기지 않았다. 더 놀라운 것은 사회가 이 죽음들에 대해 너무 조용하다는 것이다. 이렇게 조용해도 되는 걸까. 이 자살자 수는 전년도 같은 기간 대비 7.1%가 증가한 것이라고 한다. 코로나19와 연관이 있을 것이라 추정해볼 수 있다. 특히 20대 여성 자살률의 증가가 두드러진다. 통계청의 사망원인통계에 따르면 2020년(1~8월) 자살을 시도한 20대 여성은 전체 자살시도자의 32.1%에 달했다.[1] 보건복지부 자료에 따르면 2020년 상반기 20대 여성 자살률은 전년 동기간 대비 43% 늘어났다.[2] 한국여성정책연구원 자료에 따르면 2020년 3월에만 20대 여성 12만명이 일자리를 잃었다.[3] 이 숫자들 뒤에는 분명 재난과 청년, 여성, 가난을 잇는 사회학적 함수가 있을 것이다.

'이것은 또다른 멸종 저항'이라고 나는 생각했다. 기후위기 시대의 멸종 저항 운동이 '이렇게 사라지지는 않겠다'는 청년 세대의 의지를 나타낸다면, 20대 여성의 집단 자살은 '출산 파업'처럼 당신들이 원하는 대로 '살아주지 않겠다'는 멸종 선언처럼 들려왔다. 다른 맥락이지만 동일한 세대 저항의 표현이었다. 높은 청년 자살률은 사회적으로 심각한 '절멸의 징후'다. 이탈리아의 페미니스트 학자

마리아로사 달라 코스타(Mariarosa Dalla Costa)는 1990년대 이탈리아에서 일어난 수많은 자살의 원인이 실업 아니면 남아 있는 유일한 일자리가 범죄 조직뿐인 경우의 마지막 선택이었으며, 이런 식의 집단 자살은 "개인이나 집단이 생존 가능성을 찾을 수 없어 자살을 선택하는" 절멸의 방식이라고 말한다.[4] 살기 위해 할 수 있는 일이 내가 해를 입거나 남을 해치는 일뿐일 때, 거부할 수 있는 방법은 '살지 않는 것'뿐이다. 한국도 다르지 않다. 어디로도 갈 곳이 없는 청년들은 다단계나 철거 용역, 성매매 산업으로 흘러들어, 사금융과 대출 산업에 걸려든다. 재난은 여자들에겐 더 치명적이다. 2008년 금융위기 이후 나온 「더 로드」(The Road, 2009)라는 영화는 지구에 대재난이 덮쳐 오직 인간만 남은 세상을 그린다. 야수성만이 남은 곳에서, 아이와 노인들이 가장 먼저 식량이 되고, 여자들은 강간당하고 잡아먹히는 날들이 시작될 때, 존엄을 지키려는 사람들은 죽임을 당하기 전에 먼저 죽는다. 2020년 한국에서 사라진 1,924명도 어쩌면 같은 선택을 한 것이 아닐까? 자본주의의 야수성에 삼켜지기 전에 존엄을 지키고 싶었던, 최후의 선택. 마지막 세계는 '사람을 먹는 사람'과 '사람을 돌보는 사람'으로 나눠진다.

자본주의 세계의 최말단에서 '절멸'의 저항이 일어나고 있을 때, 어떤 재난에도 끄떡없이 가장 안전한 곳은 금융의 심장부였다. 런던금융특구와 월스트리트의 금융 벙커에서 투자를 진두지휘하는 야전사령관들은 팬데믹이라는 기회를 놓치지 않고 돈을 벌어들였다. 아마존의 물류창고에서 노동자들이 집단감염으로 쓰러질 때 아마존 주가는 폭등했고, 제프 베조스의 자산 가치는 하루아침에 130억 달러(약 15조원) 증가했다.[5] 코로나19와 사상 최악의 경기 침체로 수백만명이 일자리를 잃고 수십만명이 목숨을 잃은 기간에 베조스와 일론 머스크 등 미국 12대 부자들의 자산 합계는 1조 달러를 돌파했다.[6]

자본은 바이러스에 감염되지 않는다. 자본은 잠들지도 병들지도 죽지도 않는다. 글로벌 금융의 전자 거래 시스템에 전기가 흐르는 한, 세상이 지옥으로 변해도 그들은 이자를 불리고 수익을 올린다. 금융 벙커에서 입력된 '비용 절감'이나 '손실 처분' 같은 명령어는 보이지 않는 곳에서 노동자를 조용히 학살한다. 컴퓨터 화면 위에 등장하는 숫자들은 화면 너머의 비극과 아무 상관 없다는 듯 타인의 불행을 투자의 수익으로 회수한다. 금융 벙커의 인간 계산기들은 여기서 누르는 엔터키가 저기서 집을 무너뜨리고 숲을 태우며, 자신의 클릭이 학살 명령이라는 것을 감각하지도 인지하지도 못한다. 그들이 배려하고 고려하고 마음을 쓰는 대상은 사람이 아니다. 그들이 돌보는 것은 생명이 아니라 죽은 자본이다. 코로나19가 폭로하는 노동자의 죽음도, 청년들의 죽음도, 여성들의 죽음도, 본질적으로 '학살'이다. 금융자본주의는, 산업자본주의 시대의 침략 전쟁과 달리, 손에 피 한방울 묻히지 않고도 조용히 인간을 죽인다.

팬데믹은 여성에게 특히 더 가혹했다. 고립과 격리가 돌봄을 전쟁으로 만들었기 때문이다. 어떤 이는 돌봄에 지치고, 어떤 이는 돌봄을 놓쳤다. 코로나19에 동반된 감염, 격리, 봉쇄 조치는 아동, 노인, 장애인, 빈곤 계층과 취약 노동자들에게 더 위험했지만, 이 위험 집단 모두에는 공통적으로 '여성'이란 공통분모가 있었다. 시장에서든 국가에서든 그동안 '정상적으로' 작동되던 돌봄 서비스가 중단되자 그 공백은 여성을 '징발'했다. 사회의 공백은 여성들의 무상노동으로 메워졌다.

## 돌봄의 가치를 누가 정하는가

무슨 일이 있어도 '반드시'(essentially) 그 자리에 있어야 하는 사람. 그들은 보육, 간병, 청소, 조리, 마트, 보건의료, 택배, 콜센터 노동자들이었다. 먹이고, 치우고, 돌보고, 나르는 노동자들. 그 '필수노동자'의 많은 숫자가 돌봄노동자였고 여성 노동자였다는 점에 주목한다. '필수'이고, '핵심'이며, 이 사람들이 없으면 안 된다는 이 노동은 얼마 전까지만 해도 제대로 노동이라 불리지도 않았던 노동, 노동시장에 나와서도 반값밖에 처지지 않던 노동, 노동자이면서도 노동자의 권리를 가질 수 없는 노동이었다. 하지만 바로 그 노동이 재난에도 우리의 삶이 이어지도록 지탱해주었다. 일년이 다 되도록 방역 전쟁은 '적'을 퇴치하지 못하고 있지만 돌봄이 우리를 구하고 지키고 있다. 그런데 이들의 대다수는 가장 취약한 비정규직, 불안정, 임시직 노동자다.

코로나19가 확산될 때, 현장의 간호사들은 하나같이 노동 강도가 감당할 수 없는 수준이라고 입을 모았다. 신규 간호사들은 정해진 현장 교육 과정조차 이수하지 못하고 곧바로 실전에서 투입되는 경우도 허다했다. 작은 실수 하나도 생명과 직결되기 때문에 치료와 교육을 동시에 해야 하는 이들은 극심한 스트레스를 호소했다. 간병 노동자도 마찬가지였다. 경험해본 사람은 간병이 얼마나 육체적·정신적으로 강인함과 세심함과 노련함이 필요한 일인지 알 것이다. 힘이 필요하지만 힘만으로는 할 수 없고, 지식이 필요하지만 지식만으로는 할 수 없는 그런 일이다. 어느 날 나는 환자의 체중을 자신의 몸으로 지탱하면서 눕히고 일으켜 운동을 돕는 간병인에게 물어보았다. 왜 간병 노동자는 대부분 여자들일까요? 그가 웃으며 대답했다. "아유,

이걸 남자들이 어떻게 해요. 이래 보여도 이게 아무나 할 수 있는 일이 아니에요." 타인을 먹이고 씻기고 입히고, 기다리고 들어주고 살펴주는 돌봄노동은, '아무나' 할 수 없는 일이었다. 생명을 돌보는 일이 모두 그렇다. 그 일이 쉬워서 여성의 몫이 된 것이 아니라, 여성들이 해왔기 때문에 쉬운 일로 치부되어왔던 것뿐이다. 돌봄에서 면제된 사람들은 스스로 해보지 않았기 때문에 그게 얼마나 어려운 일인지 잘 알지 못한다. 일생 돌봄을 받고만 살아온 사람들이 알 리 없다. 그런데 노동의 가치를 평가하고 값을 매기는 이들은 바로 그들이다.

돌봄의 사회화가 어느 정도 이뤄진 이후에도 여전히 다른 노동에 비해 가치가 저평가되는 것은 노동의 주체가 평가의 주체가 아니기 때문이다. 오늘날 노동력의 가치는 민주주의적 합의에 따라 사회적으로 결정되는 것이 아니다. 금융과두제에서는 사회의 중요한 결정과 더불어 노동의 사회적 가치도 소수의 손에서 결정된다. 어떤 노동이 가치 있고 어떤 노동이 쓸모없는지 평가 회사와 컨설팅 회사의 전문가들이 결정한다. 꼭대기층 '서구-백인-남성-고학력-고소득자' 엘리트 집단의 머릿속 계산기에서 돌봄은 인간 활동 중에서 가장 비생산적이고 부가가치가 낮은 노동이다. 그들에게 출산, 육아, 돌봄, 요리, 청소, 빨래 등은 '하녀의 일'이다. 그들은 생산을 생산하는 노동으로서의 재생산 노동과 돌봄의 사회적 가치를 셈하지 않는다. 해방은 하녀에서 공주로의 신분 상승에서 오는 것이 아니다. 진짜 반란은 돌봄의 가치와 의미를 새롭게 구성하고, 하녀가 자신의 노동을 평가해온 주인들의 노동에 대해 가치를 매기는, 관계의 전복이다. 생산을 생산하는 노동이 상품을 생산하는 노동보다 훨씬 근본적이고 중요하게 대접받는 것이 마땅하지 않은가.

노동 가치는 경제학 교과서에 나오는 것처럼 수요-공급 곡선이 만들어내는 시장가격으로 결정되지 않는다. 남자의 노동과 여자의 노동, 귀족의 노동과 평민의 노동, 지식노동과 육체노동, 부르주아의 노동과 프롤레타리아의 노동, 백인의 노동과 흑인의 노동, 오늘날 정규직의 노동과 비정규직의 노동까지, 모든 노동 위계에는 계급과 인종과 젠더의 정치적 지배 관계가 반영되어 있다. 어떤 노동이 더 큰 의미를 부여받고 사회적으로 더 큰 가치가 매겨지는가는 결국 누가 지배하고 있는가의 문제다. 생산을 생산하는 노동으로서 재생산 노동이 상품 생산 체제의 하위에 배치된 것도 '시장의 원리'가 아니라 '정치적 힘'의 문제였던 것이다. 노동 가치에 대한 결정은 사회의 중심 가치와 우선 가치가 무엇인가에 대한 윤리적 차원, 노동-자본 간 정치적 세력 관계, 인간다운 삶에 대한 정의, 어떤 나라에서 살고 싶은가라는 시민적 합의가 만들어내는 총체적 결과다. 이제 '돌봄'도 그런 관점에서, 노동시장의 하위 범주가 아니라 경제의 패러다임을 근본적으로 바꾸는 '돌봄경제'의 핵심 개념으로서 사유할 필요가 있다. 그래서 나는 '전쟁경제' 모델을 극복할 대안적 개념으로서 '돌봄경제'를 모색한다.

## 돌봄의 이중 사회화

그동안 서구에서 '돌봄의 사회화'는 크게 두가지 방향에서 진행되었다. 돌봄 영역을 '가정에서 국가로' 이전하는 것과 '가정에서 시장으로' 이전하는 것이다. 전자는 복지국가 모델로 돌봄의 책임을 국가에 둔다. '요람에서 무덤까지' '국가는 인민의 집'이라는 복지국가 모토는 가정 영역을 대체하는 국가를 상징한다. 후자는 시장주의 모델로 시장을 통해 개인들이 필요한 돌봄 상품을 케어 서비스, 금융상품 등 다양한 형태의 상품으로 공급한다. 돌봄의 실행주체는 전자에서는 정부고 후자에서는 기업이다. 코로나 사태는 이 두가지 모델이 모두 실패했음을 보여준다.

지난 세기 신자유주의 혁신가들은 '영국식 탁아소'나 '스웨덴식 양로원'을 관료적이고 획일적이며 비효율적인 낡은 공공 서비스라 비난하면서 질 높은 맞춤 돌봄 서비스를 시장이 제공할 수 있다고 주장했다. 시장과 경쟁하는 것이 공공기관의 비효율성을 개선하는 데 도움이 될 것이라는 주장에 사민주의자도 일부 타협했다. 하지만 '시장의 자유'와 '선택의 권리'란 결국 불평등의 자유와 차별의 권리였다. 어떤 노인은 고급 휴양시설 같은 실버타운을, 어떤 노인은 감옥이나 다를 바 없는 요양병원을 '선택'하는 것을 '선택의 다양성'이라고 말할 수는 없다. 어떤 아이들은 고급 유아원에서 최고의 조기교육을 받는 반면 어떤 아이들은 수용소 같은 시설에서 '보관'되는 것도 마찬가지다. 20세기 후반 서구의 산업국가에서는 그런 식으로 아동 돌봄, 노인 돌봄, 환자 돌봄이, 나중에는 '자기 돌봄'까지도, 차례로 국가에서 시장으로, 공공기관에서 사설업체로 이양되었다. 그다음에 시장은 '돈만 있으면' 더 나은 돌봄을 '선택'할 수 있으니 열심히 돈을 벌라고 요구한다. 돌봄은 그렇게 자본의 총괄 관리 영역으로 들어갔다.

재난의 불평등과 돌봄의 양극화를 경험하면서, 불완전한 공공 시스템이 완전한 시장 시스템보다는 낫다고 말하는 사람들도 많이 보인다. 이 땅에서 제대로 해보지 못했기 때문에, 복지국가를 선망하는 이들은 여전히 많다. 하지만 국가의 돌봄은 가정, 이웃, 마을의 자치와 자급공동체를 해체하고 공동체적 유대와 안녕을 개인 단위의 복지 시스템으로 변형하는 생명권력의 통치이기도 하다. 요나스 요나손의 『창문 넘어 도망친 100세 노인』 같은 소설은 스웨덴의 양로원이 우리가 생각하는 것만큼 행복한 '인민의 집'은 아니었다는 것을 보여주는데, 실제로 코로나19 대응에서 스웨덴 정부가 취한 집단면역 전략은 공리주의적 인구 관리 통치의 사례였다. 노인들은 집단면역 실험의 표적 희생양이 되었고, 좋은 시설을 갖춘 요양원에서 집단사망했다. 한국도 마찬가지다. 생명 가치를 선별하는 국가권력을 정당화하고, 국가와 국민을 보호-피호 관계로 만드는 보육국가는 어디서나 위험하다. 앞으로의 돌봄은 국가의 돌봄과 시장의 돌봄을 모두 넘어서는 것이어야 한다.

한국에서 돌봄은 '가정에서 국가로'의 첫번째 단계도 없이 '가정에서 시장으로' 바로 진입했다. 열악한 공공기반 위에서 돌봄시장이 전면 확대된 것이다. 그 계기가 된 것이 'IMF 재난'이었다. 경제위기는 여성들을 제일 먼저 잘랐지만 동시에 싼값의 여성 노동력을 노동시장으로 대거 불러냈다. 남자들의 일자리가 불안정해지고 가계 실질소득이 급격히 하락함에 따라, 집안의 여성들도 생계를 위해 집밖으로 나와야 했다. 구조조정은 여성을 먼저 해고했지만 이들이 경력 단절 후 재취업을 위해 노동시장으로 다시 나올 때는 임금과 처우 등 모든 면에서 이전보다 강등된 조건에서 다시 시작해야 했다. IMF사태는 '여자는 집에 있어야 한다'는 봉건적 가부장제 이데올로기를 신자유주의적으로 혁파한 셈이다. '가장이 아니라는 이유로' 여성 노동자들에게 많이 배정되었던 단기, 임시, 불안정, 계약직 노동 형태가 전체 노동계급으로 일반화되었고, 노동시장에서 경쟁이 치열해지면서 여성노동은 더욱 저렴해졌다.

경제위기는 늘 새로운 시장을 창출하고 시장을 조정한다. 금융시장과 돌봄시장도 그렇게 생겨났다. 외환위기 당시 대대적 구조조정은 퇴직자와 해고자를 새로운 창업 시장으로 밀어냈다. 명예·조기퇴직한 중산층 퇴직자들은 자영업에 뛰어들었다. 이 시기 거의 모든 가내 노동이 외주화되기 시작했다. 당시 처음 등장한 프랜차이즈 기업들은 시장에 처음 진입한 소자본 무경력자들의 창업 자본을 끌어들였다. 외식, 세탁, 육아, 교육, 요양 시장이 확장되었고, 개인들은 자본금 규모에 따라 김밥집부터 갈비집까지, 영세 학원과 교습소부터 영어유치원이나 방문교육 사업까지 자신이 할 수 있는 사업들을 차례로 '선택'했다. 돌봄 산업도 '프랜차이즈화'되었다. 하지만 당시의 혁신경제였던 프랜차이즈 모델은 지금의 '플랫폼 경제'처럼, 사용자의 고용 책임을 회피하고 비용을 노동자에게 전가하기 위한 자본의 전략이었다. 여기서 한편으로는 사장님이고 한편으로는 노동자인, 자기 자신에게 고용된 수많은 자기고용 관계들이 생겨났다. 이런 소자본조차 없는 노동자들은 새롭게 창출된 서비스 시장에서 언제든 갖다쓸 수 있는

'잉여'의 대기 노동력이 되었다.

노동시장에서 생겨난 돌봄 산업 직종 대부분은 여성의 몫이었고, 경력 단절된 여성이 시작할 수 있는 일이 대부분 그런 업종이었다. 돌봄 노동자들은 가사도우미, 육아도우미, 요양보호사, 방문학습지 교사, 렌탈 가전 관리, 세탁업, 이·미용, 콜센터, 우유·야쿠르트 배달, 보험 설계 등 각종 '가정 관리' 서비스를 수행하며, '아이에서 노인까지' '정수기에서 변기까지' 관리하는, 시장화된 돌봄 산업에 필수적인 노동자가 되었다. 그러나 시장의 돌봄 노동자들은 노동법의 사각지대에 놓였다. 재능교육 학습지 노동자들은 2,822일 간의 장기투쟁 끝에 노동자성을 인정받을 수 있었다. 당시 우리는 '파견' '하청' '특수고용' 같은 말들이 무엇을 의미하는지도 정확히 알지 못했다. 그때 생겨난 노동자 아닌 노동자들이 '비정규직' '특수고용노동자' '프레카리아트' 등의 이름을 거쳐 오늘날 '필수 노동자'라는 이름으로 돌아온 것이다. 프롤레타리아는 소멸한 것이 아니라 이름을 빼앗긴 것이었다. 이 은폐된 프롤레타리아의 절반, 아니 그 이상이 여성이라는 사실은 아직도 은폐된 진실이다.

돌봄시장은 코로나 사태 이전까지 계속 성장하는 산업 분야 중 하나였다. 여행, 레저, 오락, 여가 등 '문화 산업'이 팽창했기 때문이다. 호텔 산업이 커지면 호텔 관리 업무가 요구하는 청소, 세탁 등의 케어 시장도 함께 팽창한다. 팬데믹으로 여행과 이동이 중단되면서 이 분야가 제일 먼저 타격을 입었다. 그 충격은 고스란히 노동자들이 흡수했다.

팬데믹 이후 제일 먼저 해고된 이들은 항공 산업 분야 노동자였다. 아시아나항공의 비행기 기내 청소와 수하물 분류 작업을 하던 노동자들은 아시아나케이오 소속이었는데, 이 업체는 아시아나항공의 하청업체인 아시아나에어포트의 하청업체였다. 하청의 하청 노동자였던 셈이다. 무급휴직자와 특수고용노동자들을 지원하기 위해 정부는 기업들에게 고용지원금을 지원했지만 아시아나케이오는 지원금을 받아 고용을 유지하는 대신 무급휴직 후 노동자들을 모두 해고해버렸다.

아시아나의 사례는 유명한 대기업인 데다 노동자들이 투쟁해 이슈화되었지만, 사실 이런 일은 비일비재하다. 100만원을 지원하면 90만원은 정부에서 주고 사업주가 나머지 10만원만 부담하면 되는데, 그 비용조차 쓰지 않으려고 노동자들을 해고해버리는 것이다. 항공사들은 마치 청소도구 버리듯 노동자들을 처분했다. 5인 이하 사업장은 아예 고용지원금 대상도 되지 않는다. 지금 화장품 가게, 옷 가게, 레스토랑, 카페, 네일숍, 미용실 등 도시 상권을 돌아보면, 회사와 공장에서 밀려나온 젊은 여성들이 그나마 불안정하게라도 차지할 수 있었던 일자리가 팬데믹으로 얼마나 증발했는지 보일 것이다. 그러나 저렴한 여성노동에 기반한 돌봄시장을 다시 성장시키는 것이 답이 될 수는 없다. 국가와 시장의 돌봄 공백을 다시 '집안의 노동자'들에게 전가해서는 안 된다. 국가가 재정을 대고 시장이 위탁 운영하는 지금과 같은 국가 돌봄 시스템도 전면 재검토해야 한다.

## 누가 이 세계를 돌보는가

팬데믹과 기후위기 등 닥쳐오는 대재난들은 사회에 대한 근본적인 전환의 전망과 대안을 요구하고, 그만큼 전환 담론으로 쏟아져 나오고 있다. 하지만 여전히 전환의 상상력은 '뉴딜' 같은 가부장제적 프로젝트를 넘어서지 못하고 있다. 그린뉴딜도 마찬가지다. 민족의 집, 국민의 집을 넘어 지구 생명 공동의 거주지로서 다시 짓자는 집은 여전히 케인즈 주의를 벗어나지 못하는 '아버지의 집'이다. '돌봄'을 중심으로 노동과 계급을, 그리하여 사회를 다시 재구성할 수는 없을까?

미국에서 팬데믹이 급속도로 확산될 때, 보건의료 노동자들이 파업을 했다. 간호사들은 "우리가 아프면 당신들을 누가 돌보나요?"라고 쓰인 피켓을 들었다. 나는 이 질문이 모든 돌봄 노동자의 물음이 될 수 있고 생각한다. 나아가 이것은 체제를 어떻게 전환할 것인가에 대한 근본적 물음이기도 하다. 그런 점에서 지금 기후위기에 대한 대응으로 나오는 '탈탄소 사회' 같은 전환 계획은 근본적으로 한계가 있다. 기후위기를 초래한 것이 자본주의의 무한성장론이었고, 탄소가 그 성장의 연료였다면, 성장의 연료를 탄소에서 수소나 재생 에너지로 바꾸는 것은 답이 될 수 없다. 근본적으로 성장주의에서 벗어나는 전환의 계획을 세워야 한다. '돌봄'은 탈성장과 탈자본주의적 경제 패러다임을 새롭게 상상할 수 있는, 보다 구체화된 개념을 제시한다.

팬데믹을 경험하면서, 시장이 멈추고 사회가 멈춰도 절대 중단되어선 안 되는 일이 '돌봄'이며, 인간 존재인 한 돌봄이 필요하지 않은 자기완결적 주체는 없다는 사실을 모두 뼈저리게 깨달았다. 그렇다면 이제 돌봄을 중심으로 코로나 이후의 경제와 사회를 다시 설계해야 하지 않을까. 탈탄소, 디지털, 스마트 경제가 아니라 '돌봄경제'를 체제 전환의 중심 개념으로 새로운 사회협약을 해야 하지 않을까. '돌봄이 가능한 사회가 되려면 무엇이 필요한가'라는 물음은 '탈성장'의 개념 또한 보다 현실적으로 상상하게 만든다. 자신을 돌보고, 타자를 돌보며, 서로를 돌볼 수 있는, 돌봄이 가능한 사회가 되려면 무엇이 필요한가를 물어보자. 돌봄의 상상력은 자본주의적 시간과 공간을 재창조할 것이다. 노동시간을 줄이고, 야간노동을 금하는 것은 자신을 돌보고, 타인을 돌보며, 돌봄을 함께 나눌 수 있는 삶을 위해 필수적인 '노동의 생태적 전환'이다. 살고 싶은 곳에서 원하는 만큼 살 수 있는 거주의 권리는, 이웃과 마을 관계를 만들 수 있고, 지역 시장에서 생태적으로 순환하는 생산과 소비의 경제를 만들고, 거주 공동체를 생활 정치와 지역 정치의 단위로 재구성하기 위한 기본 조건이다. 단지 먹고살기 위해 정신없이 일해야 하는 소모적 노동과 일방적이고 강제적인 돌봄에서 벗어나, 노동의 자율성과 즐거움을 되찾고 삶의 리듬을 자연의 리듬에 조화롭게 맞춰갈 수 있는 시간과 공간을 되찾자. '돌봄이 가능한 사회'를 중심에 놓을 때 우리가 상상할 수 있는 많은 것들이 생겨나고 가능해진다. 이 세계를 구할 것은 마스크와 백신이 아니라 돌봄이다.

그러기 위해서는 돌봄의 근본 의미와 가치부터 다시 되찾아야 한다. 노동의 근원이 '돌봄'이라는 것을 인식하고 '존재의 관계'로서 돌봄을 생각하는 것은 중요한 사유의 전환을 가져올 수 있다. '만인은 만인의 적'으로서 각자가 자기의 이익을 추구하는 것을 경제의 기본으로 삼는 믿음에서 벗어나 '만물은 서로 돌본다'는 돌봄의 경제로 전환하기 위해 필요한 이념의 틀을 제공해줄 수도 있을 것이다. 그래서 나는 계속 묻고자 한다. '누가 이 세계를 돌보는가?'

# 우리의 일상은 변해야 한다

재난 영화의 세계는 주인공을 중심으로 돌아간다. 끝을 모르는 재난 속에서 엄청나게 많은 사람들이 죽고 쓰러지는데도, 주인공과 그에게 중요한 사람이 살아남으면 안도하며 해피엔딩이라 여긴다. 현실 세계도 똑같다면 어떨까. 재난에서 반드시 살아야 하는 주인공과, 하찮게 스러져도 괜찮은 나머지 존재가 있다면, 이보다 잔혹한 세계가 또 어디 있을까.

『마스크가 답하지 못한 질문들』은 코로나19라는 재난속에서 이 사회가 은밀히 주인공으로 설정한 사람이 누구였는지 고발한다. 수많은 사람들이 고통받고 생명을 잃을 때, 나는 누구를 염려하고 무엇을 걱정하며 혹은 누구를 비난하고 어떤 위험을 방관하며 그 긴 시간을 보냈는지 정신을 차리고 주위를 둘러보게 만든다.

사람을 바이러스로 보는 시선에서 공포를 겪어야 했던 이주민, '사회적 거리두기'라는 원칙이 무색하게 '코호트 격리'라는 명목으로 집단시설에 감금당해야 했던 장애인, "집에서 밥을 해 먹으라"라는 모욕적인 말로 급식을 거부당했던 홈리스, 필수적인 노동을 제공하지만 '필수적인 존재'로 인정받지 못하는 노동자들의 이야기가 여기 있다.

감염인에 대한 비난과 분노의 철창을 만든 우리는 스스로 그 안에 갇혀 두려움에 떨었고, 인간의 건강을 위해 쌓아올린 일회용품과 마스크는 지구를 더 병들게 했다. 우리는 사회적 거리두기를 하는 동안 역설적으로 그 어느 때보다 서로가 필요했고, 함께 돌보고 책임지기 위한 해답을 찾아야 했다. 저자들은 재난 상황에서 한없이 좁아졌던 나의 시선을 열어주며, 마스크를 뚫고 세상에 드러난 불평등과 기후위기의 현실을 똑바로 응시하라고 잔잔하지만 분명하게 이야기를 건넨다.

코로나19라는 재난을 겪으며 우리는 각자가 주인공이 된 세상을 살고 있었는지도 모른다. 내가 사랑하는 사람들만의 안전을 염려하며, 무사히 이 재난에서 살아남아 '일상'으로 돌아가고 싶다고 생각하지 않았던가. 그러나 예전의 일상이 누구에게나 회복해야 할 평화로운 생활만은 아니며, 어떤 것은 지구를 병들게 했다. 우리의 일상은 변해야 한다. 코로나19 이후 만들어야 할 '새로운 일상'은 무엇인가. 이제 '마스크가 답하지 못한 질문들'에 우리가 응답할 차례다.

김지혜(『선량한 차별주의자』 저자)

미류 / 우리는 서로를 책임질 수 있을까

1  경기도공공보건의료지원단·서울대학교 보건대학원 유명순 교수
   팀 「경기도 코로나19 심리조사 결과(확진자 및 접촉자, 2020년 6월
   3~17일)」, 2020.7.1.

2  서울대 보건대학원 코로나19 기획 연구단 「코로나19와 사회적 건강」
   1차 조사(8월 25~28일), 2020.9.8.


서보경 / 감염과 오명, 보복하지 않는 정의에 대하여

1  인천지방법원 2010.10.8. 선고 2020고단6613 판결문. 이하 직접 인
   용의 출처는 모두 동일하다.

2  마사 누스바움 『분노와 용서: 적개심, 아량, 정의』, 뿌리와이파리
   2018, 53면.

3  개인정보 제공과 다양한 종류의 데이터 수집을 의무화하는 현재의 방
   식은 물론 복잡한 윤리적, 법적 문제를 내포하고 있다. 자유권과 정
   보인권의 차원에서 현재의 감염병 관련 법 체계를 분석하는 글로는

시민건강연구소의 연구보고서 「인권중심 코로나19 시민백서: 코로나19 시대 시민의 삶, 우리의 권리」(시민건강연구소 2020)를 볼 것.

4 관해기를 살아가는 방법에 대한 아름다운 글로는 안희제 『난치의 상상력』(동녘 2020)이 있다.

5 마사 누스바움, 앞의 책 493면.


고금숙 / 마스크는 썩지 않는다

1 「코로나19 의료폐기물 대란, 일회용기저귀가 막았다」, 청년의사 2020.4.13.

2 "Coronavirus: 'The masks you throw away could end up killing a whale'," BBC 2020.7.7.

3 WHO, "WHO updated guidance on the use of masks," 2020.6.12.

4 "Covid-19: Single-use plastic impact 'will last forever'," BBC 2020.9.26.

5 CDC, "Ways COVID-19 Spreads" (https://www.cdc.gov/coronavirus/2019-ncov/prevent-getting-sick/how-covid-spreads.html).

6 "Reusable containers safe during Covid-19 pandemic, say experts," *The Guardian* 2020.6.22.

7 이성실·김미화 『티셔츠가 된 페트병』(비출간 자료집), 자원순환사회연대 2017.

8 "The Plastic Pandemic," *Reuters* 2020.10.5.

9 「韓 1인 탄소배출량 세계 4위…"탈원전으로 더 커질 것" 우려」, 매일경제 2019.9.23.

10 WEF, "Plastic is a global problem. It's also a global opportunity," 2019.1.25.

11 Ellen Macarthur Foundation, "How the Circular Economy tackles Climate Change," 2019.

12 같은 글.

13 Eco-Cycle, "Zero Waste and Climate Change"(https://www. ecocycle.org/zerowaste/climate).

14 "Study reveals how long COVID-19 remains infectious on cardboard, metal and plastic," UCLA Newsroom 2020.3.20.

15 「종이에선 힘 못 쓰는 코로나, 플라스틱 만나면 펄펄 나는 이유」, 중앙일보 2020.12.10.

16 Cal/OSHA, "SAFETY AND HEALTH GUIDANCE COVID-19 Infection Prevention in Grocery Stores," 2020.10.27.

17 "The Plastic Pandemic," *Reuters* 2020.10.5.

18 같은 글.

19 같은 글.

20 GAIA/Zero Waste Europe, "RECYCLING IS NOT ENOUGH: It's time to rethink how to solve the plastic waste crisis," 2018.1.22.

21 고금숙 「〔녹색세상〕폐지 수집 일의 기쁨과 슬픔」, 경향신문 2020.10.9.

## 최현숙 / 거리 홈리스들이 살아낸 팬데믹 첫해

1 「"밥, 공간, 자존" 코로나 시대 홈리스로 산다는 것」, 가톨릭뉴스 지금여기 2020.10.26.

2 「반복되는 홈리스 의료공백」, 홈리스뉴스 81호, 2020.9; 「홈리스 의료권은 어디에?」, 홈리스뉴스 82호, 2020.10. 참조.

3 이 절의 일부는 졸고 「'드럽고' 치사한 밥」(경향신문 2020.10.17.)을 토대로 쓰였음을 밝힌다.

4 홈리스행동 성명서 「행정안전부의 희망일자리사업 '노숙인' 참여 제한조치 철회하라」, 2020.7.31. 참조.

5 홈리스행동 성명서 「코로나19를 빌미로 자행되는 홈리스에 대한 폭력과 배제 즉각 중단하라!」, 2020.5.27. 참조.

6 「너희 집문서부터 쓰레기통에 던지거라」, 홈리스뉴스 79호, 2020.8.


**김도현 / '시설사회'와 코로나19, 그리고 장애인**

1 고병권 「우리는 시설 사회에서 살고 있다」, 『철학자와 하녀』, 메디치 미디어 2014, 185면.

2 시설사회에 대한 좀더 확장된 논의로는 장애여성공감 엮음 『시설사회』(와온 2020)를 참조.

3 미셸 푸코 『사회를 보호해야 한다』, 박정자 옮김, 동문선 1998, 278~79면.

4 전근배 「코로나 블랙: 우리는 버려질 것이다」, 한국연구원 웹진 한국연구 2020.7.19.

5 「사회복지시설 예방적 코호트 격리 "신중한 검토 필요해"」, 웰페어뉴스 2020.3.11.

6 OHCHR, "COVID-19 and The Rights of Persons with Disabilities: Guidance," 2020.4.29.

7 이 표현은 이민호 「당사자 사례 발표 1」, 『감염병 상황에서의 장애인 인권 상황과 대책 마련을 위한 제언』(국가인권위원회 대구인권사무소·대구장애인차별철폐연대 2020)에서 처음 사용되었다.

8 신영전 『퓨즈만이 희망이다』, 한겨레출판 2020, 7면.

9 「"코로나19, 10~11월까지 갈 듯"」, 한겨레21 1304호, 2020.3.23.

10 OHCHR, "COVID-19 and The Rights of Persons with Disabilities: Guidance," 2020.4.29.

11 Adelina Comas-Herrera et al., "Mortality associated with COVID-19 in care homes: international evidence," International Long Term Care Policy Network 2020.10.14.

12 Catherine Putz and David Ainslie, "Coronavirus (COVID-19) related deaths by disability status, England and Wales: 2 March to 14 July 2020", Office for National Statistics 2020.9.18.

13 「확진자 중 장애인은 4%인데… 사망자 5명 중 1명이 '장애인'」, 서울신문 2021.1.13.


이길보라 / 가치에 대해 질문할 권리

1 「[왜냐면] 스웨덴 '집단면역' 전략의 오해와 진실」, 한겨레 2020.8.11.
2 「"고3 수능만큼 초1·중1 등교도 중요하다"」, 시사IN 684호, 2020.10.27.
3 CANAL＋페이스북 포스트(https://www.facebook.com/144056732332683/posts/4604524316285880/).


이향규 / 인종주의라는 바이러스

1 이향규 「나는 바이러스가 아닙니다」, 창비주간논평 2020.2.26.
2 「가짜뉴스 판치는 '양꼬치 거리'… 中동포 감염에 대림동 떤다」, 중앙일보 2020.6.10.
3 "Far right using coronavirus as excuse to attack Asians, say police," *The Guardian* 2020.8.29.
4 Public Health England, "Disparities in the risk and outcome of Covid-19," 2020.8.
5 Public Health England, "Beyond the data: Understanding the Impact of Covid-19 on BAME groups," 2020.6.
6 Government Equality Office, "Quaterly report on progress to address Covid-19 health inequalities," 2020.10.


김산하 / 마스크 아래의 민낯

1 "Masks good, ventilation better at cutting COVID risk at indoor events – study," *Reuters* 2020.10.29.

2 Prata, J.C., Silva, A.L., Walker, T.R., Duarte, A.C. and Rocha-Santos, T., "COVID-19 pandemic repercussions on the use and management of plastics," *Environmental Science & Technology* 54(13) 7760-65면.

3 Adyel, T.M., "Accumulation of plastic waste during COVID-19," *Science* 369(6509) 1314-15면.

4 "'More masks than jellyfish': coronavirus waste ends up in ocean," *The Guardian* 2020.6.8.

5 "Coronavirus face masks: an environmental disaster that might last generations," *The Conservation* 2020.8.15.

6 「코로나시대 전세계 마스크 쓰레기 매월 1290억개…해결 방법은」, 동아사이언스 2020.10.31.

7 Cambridge Mask Co., "The Rise of Face Mask Environmental Waste: Sustainability is Key"(https://cambridgemask.com/blog/face-mask-waste/).

8 생명다양성재단·캠브리지 대학교 동물학과 「한국 플라스틱 쓰레기가 해양동물에 미치는 영향」, 2019.

9 Wilcox, C., Puckridge, M., Schuyler, Q.A., Townsend, K. and Hardesty, B.D., "A quantitative analysis linking sea turtle mortality and plastic debris ingestion," *Scientific reports 8(1)* 2018, 1-11면.

10 환경부 자원순환정책과 「포장폐기물 감축 위해 합성수지 재질의 재포장 줄인다」, 2020.9.21.

11 「배달음식 쓰레기 매일 830만개… 버릴 때 죄책감 느끼는 시민들」, 오마이뉴스 2020.10.13.

12 "Deforestation in Brazil's Amazon surges, Bolsonaro readies troops," *Reuters* 2020.5.8.

13 "'Filthy bloody business:' Poachers kill more animals as coronavirus crushes tourism to Africa," CNBC 2020.4.24.

14 Forster, P.M., Forster, H.I., Evans, M.J., Gidden, M.J., Jones, C.D., Keller, C.A., Lamboll, R.D., Le Quéré, C., Rogelj, J., Rosen, D. and Schleussner, C.F., "Current and future global climate impacts resulting from COVID-19," *Nature Climate Change* 10(10) 913-19면.

15 "Why COVID-19 will end up harming the environment," *National Geographic* 2020.6.18.

16 Forster, P.M. et al., 앞의 글.

17 「농진청, 재난지원금 특수⋯한우·돼지고기 소비 늘었다」, 축산신문 2020.6.10.

18 "'We want real action': young activists aim to fill void on climate with Mock Cop26," *The Guardian* 2020.11.10.

## 채효정 / 누가 이 세계를 돌보는가

1 「'조용한 학살', 20대 여성들은 왜 점점 더 많이 목숨을 끊나」, 한겨레 2020.11.13.

2 「신동근, "코로나19 이후 20대 여성 자살률 43% 폭증 '심각'"」, 인천투데이 2020.10.27.

3 「'코로나19는 공평하지 않다' 2020년 상반기 여성 자살 사망자 1,924명」, 경향신문 2020.10.8.

4 마리아로사 달라 코스따 『페미니즘의 투쟁』, 이영주·김현지 옮김, 갈무리 2020, 183면.

5 「'아마존' 베조스, 하루에 15조원 벌었다」, 서울신문 2020.7.21.

6 「美 부자 12명 재산 합계 '1조 달러' 돌파」, 동아일보 2020.8.20.

# 마스크가 답하지 못한 질문들

초판 1쇄 발행/2021년 2월 15일
초판 4쇄 발행/2022년 6월 14일

지은이/미류 서보경 고금숙 박정훈 최현숙 김도현 이길보라 이향규 김산하 채효정
펴낸이/강일우
책임편집/최지수
조판/신혜원
펴낸곳/(주)창비
등록/1986년 8월 5일 제85호
주소/10881 경기도 파주시 회동길 184
전화/031-955-3333
팩시밀리/영업 031-955-3399 편집 031-955-3400
홈페이지/www.changbi.com
전자우편/human@changbi.com

ⓒ 미류 서보경 고금숙 박정훈 최현숙 김도현 이길보라 이향규 김산하 채효정 2021
ISBN 978-89-364-7854-4 03300